AF258578

BIBLIOTHEQUE MORALE

DE

LA JEUNESSE

PUBLIÉS

AVEC APPROBATION

5e SÉRIE IN-12.

Le P. Bressany, missionnaire au Canada, au milieu des Hurons.

LES
MISSIONNAIRES
AU CANADA

PAR

Mᵐᵉ la comtesse Drohojowska.

ROUEN

MÉGARD ET Cⁱᵉ, LIBRAIRES-ÉDITEURS

1873

APPROBATION.

Les Ouvrages composant **la Bibliothèque morale de la Jeunesse** ont été revus et **ADMIS** par un Comité d'Ecclésiastiques nommé par SON ÉMINENCE MONSEIGNEUR LE CARDINAL-ARCHEVÊQUE DE ROUEN.

Avis des Éditeurs.

Les Éditeurs de la **Bibliothèque morale de la Jeunesse** ont pris tout à fait au sérieux le titre qu'ils ont choisi pour le donner à cette collection de bons livres. Ils regardent comme une obligation rigoureuse de ne rien négliger pour le justifier dans toute sa signification et toute son étendue.

Aucun livre ne sortira de leurs presses, pour entrer dans cette collection, qu'il n'ait été au préalable lu et examiné attentivement, non-seulement par les Éditeurs, mais encore par les personnes les plus compétentes et les plus éclairées. Pour cet examen, ils auront recours particulièrement à des Ecclésiastiques. C'est à eux, avant tout, qu'est confié le salut de l'Enfance, et, plus que qui que ce soit, ils sont capables de découvrir ce qui, le moins du monde, pourrait offrir quelque danger dans les publications destinées spécialement à la Jeunesse chrétienne.

Aussi tous les Ouvrages composant la **Bibliothèque morale de la Jeunesse** sont-ils revus et approuvés par un Comité d'Ecclésiastiques nommé à cet effet par Son Éminence Monseigneur le Cardinal-Archevêque de Rouen. C'est assez dire que les écoles et les familles chrétiennes trouveront dans notre collection toutes les garanties désirables, et que nous ferons tout pour justifier et accroître la confiance dont elle est déjà l'objet.

INTRODUCTION.

—

Le Canada, où nous allons conduire nos lecteurs, n'a pas toujours appartenu, comme aujourd'hui, à l'Angleterre. Avant 1763, époque à laquelle Louis XV, à la suite des revers qui marquèrent pour nous la guerre de Sept-Ans, fut obligé d'en faire cession aux Anglais, cette riche et féconde partie de l'Amérique septentrionale portait le nom de Nouvelle-France, et constituait une de nos plus florissantes colonies.

Chaque fois que des désastres ont frappé la France, la Providence, par une sorte de compensation, a fait jaillir du sein même de ses malheurs des actes de courage, de dévouement, dont l'héroïsme, grandissant avec les difficultés et les périls, brille d'un éclat d'autant plus vif que la fortune de nos armes est plus compromise. C'est là, pour notre pays, un honneur incomparable, en même temps qu'un gage précieux pour ses destinées à venir.

Un autre caractère particulier du génie français est de savoir se faire apprécier partout où il lui est donné de se montrer, et d'y laisser après lui un souvenir et comme une empreinte que le temps consolide, au lieu d'atténuer.

Allez à l'île Maurice, allez au Canada, allez partout où a flotté notre drapeau, et, en dépit des vicissitudes de la fortune et des substitutions de métropole et de gouvernement, vous sentirez battre des cœurs français ; vous retrouverez intactes la langue, les habitudes, les mœurs et les croyances de la France catholique.

Nous devons dire toutefois, à l'honneur du Canada, que l'on ne retrouve nulle part cette fidélité à la mère-patrie aussi accentuée que sur les rives du Saint-Laurent.

Québec, capitale du Canada, belle et grande

ville de soixante mille âmes, est aussi française de cœur et d'habitudes, et même d'apparence, qu'elle pouvait l'être, alors que, modeste bourgade fondée par Champlain (1608), elle donnait asile aux premiers colons du Saint-Laurent.

Montréal, la cité opulente, la vraie métropole du Canada, dont administrativement elle n'est que la seconde ville ; Montréal, avec ses cent mille habitants, ses établissements religieux, ses écoles, ses séminaires, ses œuvres de dévouement et de propagande catholique, son attachement profond à la France, mérite, certes, autant et peut-être plus que la colonie primitive, le nom dont elle aime à se parer, de *Nouvelle-France.*

Notre prospérité et nos gloires y ont toujours trouvé les plus sympathiques échos, et nos malheurs y sont aussi vivement ressentis que par nous-mêmes. Cette généreuse et chrétienne population se souvient de son origine, et elle est d'autant plus attachée à sa mère-patrie, qu'elle a été plus violemment arrachée de son sein. Plus d'un siècle de domination pèse sur elle, pendant lequel la richesse matérielle ne lui a point fait défaut, et cependant ses affections n'ont pas varié ; ses regards restent fixés sur cette métropole d'où sont partis ses premiers apôtres, et où se retrempe sans cesse sa vaillante et intrépide cohorte de religieux et de missionnaires.

Quand, en 1523, les Français prirent pour la première fois possession du Canada, deux nations principales, les Hurons et les Iroquois, occupaient les rives du Saint-Laurent, et se faisaient entre elles une guerre acharnée. Un des premiers soins des nouveaux occupants fut de doter ces peuples du bienfait de la foi. La mission de la Nouvelle-France commença donc, à vrai dire, au moment même de la domination française.

Tout était à faire sur ce sol sauvage quand ces hardis et intrépides pionniers de l'Evangile y mirent le pied : le pays à connaître, les hommes à civiliser, la foi à établir. Ils ne faillirent pas à leur noble mission. Conquérants pacifiques de ces régions nouvelles, ils ne portaient pour arme que la croix, et n'avaient pour soutien que leur zèle avec la grâce de Dieu. Le plus souvent ils sillonnaient seuls, et dans tous les sens, des pays immenses, au milieu des privations, des dangers et des difficultés de toute nature. On peut presque partout les suivre à la trace de leur sang. Pour marquer les différentes étapes de cette marche toujours progressive de l'Evangile, ils plantaient l'étendard du salut ; c'était le signe de leur conquête religieuse, et le premier jalon de la civilisation qui devait la suivre.

Voyant toujours devant eux des régions immenses, ils ne mettaient aucune borne à leur œuvre, et, gagnant sans cesse du terrain, ils ambitionnaient d'arriver jusqu'à cette mer de l'Ouest dont l'existence, d'après les renseignements qu'ils avaient recueillis de la bouche des sauvages, n'était plus pour eux un problème ; mais le temps trahissait leur courage, et la mort venait souvent les surprendre au milieu de leurs plus brillants projets. C'est ainsi, par exemple, que l'on voit l'illustre Marquette succomber, jeune encore, sous le poids de ses travaux, mais après avoir exploré le premier une partie de la vallée du Mississipi, après avoir évangélisé des peuples jusque-là inconnus.

Entre toutes ces missions, se place au premier rang celle des Hurons, les plus fidèles et les plus constants alliés des colons français.

Les Hurons, dont les nombreux villages étaient situés sur la gracieuse presqu'île de la côte orientale du lac qui a gardé leur nom, occupaient un rang distingué parmi les Indiens. Les guerres sanglantes et désastreuses qu'ils eurent à soutenir contre les cruels Iroquois, les malheurs qui les accablèrent et qui finirent par anéantir leur nation, les laborieux travaux que leur conversion coûta aux ouvriers du Père de famille et le sang que répandirent pour eux plusieurs de ses apôtres, ont rendu à bon droit leur nom célèbre. On trouve là, développé sous toutes ses formes, le caractère le plus complet du missionnaire catholique, « et cette abnégation rare et sublime devant laquelle, dit Macaulay, on peut se prosterner, sans craindre par là de leur susciter des imitateurs nombreux. » (*Edimburg Review*, 1842.)

Dans les mystérieux desseins de la Providence, cette nation, après avoir eu ses jours de gloire, était condamnée à disparaître presque entièrement sous les coups des Iroquois ; mais elle avait coûté trop de sueurs et de sang à ses apôtres ; ses premiers enfants dans la foi avaient donné trop d'exemples de vertu pour ne pas toucher le cœur

de Dieu. Il ne la laissa pas mourir dans son ido-
lâtrie.

La première fois que ces fiers enfants des forêts
avaient entendu publier la loi de l'Evangile, ils
avaient fermé l'oreille à ses leçons d'humiliation
et de sacrifice, qui blessaient leurs habitudes
d'orgueil et de sensualité ; mais quand ils sentirent la main du Seigneur s'appesantir sur eux,
quand ils virent la guerre, la peste, la famine
venir, comme des signes avant-coureurs d'une
grande catastrophe , désoler leurs campagnes,
ruiner leurs villages, décimer l'élite de leurs
guerriers, leurs yeux s'ouvrirent, et ils sollicitèrent par milliers le bienfait de la foi. En même
temps que se multipliaient les victimes de la
mort, le ciel voyait s'accroître le nombre des
élus.

Bientôt il ne resta plus d'espérance de relever
tant de ruines et de protéger sur ce sol dévasté
les restes infortunés de cette nation expirante. Les
missionnaires recueillirent ces tristes débris. For-
més dans le creuset des tribulations, ces fervents
chrétiens n'ambitionnaient plus qu'une chose :
mettre leur foi à l'abri de tout danger. Ils sui-

virent leurs missionnaires, et ceux-ci leur offrirent, sous la protection du fort de Québec, une habitation tranquille, qui sera pour tous les âges un beau monument du zèle de ces hommes apostoliques, et de la foi vive de leurs néophytes. Que pourrions-nous trouver de semblable chez les Péquods, les Varragansetts, les Mohegans, les Swhenandoahs, ou les tribus du sud des Etats-Unis ?

La mission huronne n'a eu jusqu'ici, comme récit séparé de la relation générale des missions du Canada, qu'un seul historien, le P. Bressany, qui en fut un des témoins et un des héros. C'est à ces titres qu'à notre tour nous voulons recueillir les principaux traits de sa vie d'apôtre. En même temps nous ferons connaître la touchante histoire des missionnaires, et nous esquisserons un des aspects les plus curieux de la *Nouvelle-France* vers le milieu du XVIIe siècle.

LES MISSIONNAIRES

AU CANADA.

I.

Le P. Bressany était Italien, et natif de Rome. Quoiqu'il ne soit pas mort entre les mains de ses bourreaux, et qu'il n'ait pas même achevé sa carrière sur le théâtre de ses travaux apostoliques et de ses douleurs, sa grandeur d'âme dans les positions les plus difficiles, et sa patience héroïque dans les cruels tourments que les Iroquois lui firent souffrir, lui ont mérité un rang honorable parmi les apôtres du Canada.

Entré à l'âge de quinze ans dans la Compagnie de Jésus, il passa, selon l'usage, par toutes les

épreuves des études et de l'enseignement. Il oc-
cupa tour à tour, et avec succès, des chaires de
littérature, de philosophie et de mathématiques.
Mais son zèle et la voix intérieure du ciel le portaient à faire quelque chose de plus pour Dieu. Il
sollicita longtemps, et n'obtint qu'après les plus
vives instances de consacrer le reste de ses jours
dans les missions étrangères. Il demandait d'être
employé dans les missions les plus pénibles du
nouveau monde. Ses supérieurs répondirent à ses
désirs en l'envoyant dans la Nouvelle-France.

Sans tarder, le P. Bressany se mit en route pour
sa destination. Il trouva, en traversant la France,
où il allait s'embarquer, une âme pieuse, éclairée
d'une lumière céleste, qui lui fit connaître tout ce
qui devait lui arriver un jour. Cette révélation
mystérieuse d'un avenir si effrayant pour la nature
n'ébranla pas son courage et ne le fit pas hésiter
un instant dans son sacrifice.

Il arriva au Canada en 1642, et fut chargé d'a-
bord des Français de la ville de Québec. « Son
zèle ardent, dit le P. Vimont, son supérieur, et ses
prédications animées eurent les plus salutaires
effets. »

L'année suivante, il fut envoyé aux Trois-Rivières pour travailler auprès des Algonquins, et
se préparer aux missions chez les sauvages. Les
annales du temps ont conservé l'instruction tou-

chante qu'il adressa à un chef algonquin, avant la rétractation solennelle de sa honteuse apostasie.

Le 27 avril 1644, il partit pour une nouvelle mission, celle des Hurons, éloignée de Québec de près de trois cents lieues. C'était la plus importante, mais aussi la plus pénible et la plus exposée de la Nouvelle-France.

Les privations de tous genres s'y faisaient alors sentir; et depuis trois ans surtout, elle était dans la plus grande détresse. Les missionnaires n'avaient pu recevoir aucun secours de Québec, d'où ils tiraient tous leurs approvisionnements. Leurs vêtements tombaient en lambeaux; il ne leur restait qu'une très-petite quantité de farine. Le vin leur ayant aussi manqué pour le saint sacrifice, ils n'eurent que la ressource de cueillir le raisin sauvage des forêts, et d'en exprimer le jus avec leurs mains. Toutes les tentatives pour rétablir les relations avec Québec, surtout depuis la prise du P. Jogues par les Iroquois, en 1642, avaient été sans aucun succès.

On voulut donc tenter un nouvel effort. Cette importante expédition fut confiée au P. Bressany; mais son apostolat allait commencer par la captivité, et sa prédication par les souffrances. Il partit avec un jeune Français engagé au service des missionnaires, et six chrétiens hurons, qui depuis un an vivaient dans le séminaire huron que les jésuites avaient commencé à Notre-Dame des Anges, près de Québec.

Cependant les Iroquois , ces ennemis acharnés des Français, ne restaient pas inactifs. Enflés de leurs succès, ils étaient devenus plus hardis que jamais, et se croyaient invincibles. Ils poursuivaient avec leur audace accoutumée le projet de détruire entièrement la colonie française et ses alliés. L'état de pénurie et de faiblesse dans lequel la métropole laissait depuis longtemps le Canada ne permettait pas d'opposer une digue assez puissante au torrent dévastateur, et cette inaction passait aux yeux de l'ennemi pour une insigne lâcheté ou une preuve de faiblesse.

En 1644, les Iroquois, que leur expérience rendait tous les jours plus habiles dans cette guerre de surprises et d'embûches, avaient disposé leur plan sur une plus grande échelle que de coutume, et avec un art stratégique qu'on est surpris de trouver dans des barbares. Divisés en dix bandes de guerriers, ils avaient enveloppé toute la colonie comme dans un immense réseau, et au printemps ils y firent irruption sur tous les points en même temps. « Ils prenaient, dit le P. Jér. Lalemant, des positions telles, qu'ils pouvaient voir l'ennemi de quatre à cinq lieues, sans être aperçus eux-mêmes, et ils n'attaquaient que quand ils se croyaient les plus forts. »

Les deux premières bandes étaient stationnées au portage *des Chaudières*, lieu déjà célèbre par l'attaque des convois hurons ; la troisième resta au pied du *Long-Sault;* la quatrième au-dessus de Montréal ; la cinquième dans l'île même de Montréal ; la sixième dans la *Rivière-des-Prairies;* la septième dans le lac Saint-Pierre ; la huitième près des Trois-Rivières ; la neuvième près du fort Richelieu ; et la dixième était destinée à entrer sur le territoire des Hurons, et à y porter partout le fer et le feu.

La cinquième bande, composée de quatre-vingts guerriers, ne fut pas heureuse. Ils restèrent trois jours en embuscade devant Montréal, dans l'espérance de surprendre quelques-uns des Français de cette habitation naissante ; mais ils furent découverts et poursuivis courageusement par la petite garnison qui les dispersa. Ils perdirent trois hommes tués dans le combat, et deux autres qui furent faits prisonniers. Les Algonquins, qui s'en étaient emparés, les brûlèrent vifs quatre jours après.

Le P. Bressany tomba dans l'embuscade dressée par la neuvième bande.

Aux Trois-Rivières, où s'étaient réunis le P. Bressany et ses compagnons, on ne connaissait pas les grands dangers que l'on courait déjà. Le fleuve venait à peine d'être délivré de ses glaces, et on ne pouvait raisonnablement soupçonner les Iroquois d'avoir, à une époque si peu avancée, quitté leur pays et entrepris, dans une aussi mauvaise saison, une expédition lointaine. Les Hurons s'étaient même persuadés, d'après quelques démarches faites l'année précédente, que les Iroquois étaient disposés à la paix.

Rien ne semblait donc devoir troubler leur sécurité du côté des Iroquois ; cependant, comme ces courses n'étaient pas sans d'autres grands dangers, il était juste de se tenir prêt à tout événement. Les voyageurs se préparèrent tous comme s'ils avaient dû trouver la mort en chemin. Un cœur en grâce avec Dieu ne craint rien ni des hommes ni des accidents de la vie, et il est bien mieux aguerri contre tous les hasards.

Les pieux néophytes, compagnons de voyage du P. Bressany, n'étaient dans la colonie française que depuis le mois de novembre. Ils avaient voulu acheter au prix de tous les sacrifices l'avantage de compléter leur instruction religieuse, et voir de leurs yeux le bonheur d'un peuple sous l'influence de la foi. Tant de ferveur ne se démentit pas un instant.

Dès leur arrivée, ils s'étaient mis entre les mains du P. de Brebeuf, qu'ils avaient eu l'avantage de connaître dans leur pays, et qui possédait parfaitement leur langue. Nuit et jour ils s'occupaient à apprendre les prières et à réciter le catéchisme. La docilité et la simplicité de leur foi les rendirent, en peu de temps, de dignes enfants de l'Eglise de Dieu. Après deux mois d'instruction, on conféra le baptême à ceux qui n'avaient pas encore reçu ce sacrement, et tous furent admis à participer pour la première fois à la sainte eucharistie. Ils le firent avec des sentiments de piété qui rappelaient les plus beaux jours de l'Eglise.

Au reste, ce n'était pas assez pour eux d'être des chrétiens fervents; leur cœur, embrasé de l'amour de Dieu, soupirait après la gloire de devenir des apôtres. Ils voulurent donc retourner dans leur pays, afin de faire partager à leurs parents et à leurs amis les espérances et les consolations de la foi. Une instruction suffisante, une vertu éprouvée, et l'autorité dont ils jouissaient au milieu de leurs compatriotes, faisaient en effet bien augurer du succès de cette mission. La réception si cordiale et si généreuse qu'on leur avait faite dans la colonie, et les présents dont ils étaient comblés, les avaient attachés fortement aux Français. Il était donc de l'intérêt des colons, et surtout des missionnaires, de voir ces zélés néophytes à l'œuvre au sein de leur pays.

Ces espérances étaient fondées; mais Dieu, toujours adorable dans les mystérieux secrets de sa providence, les fit évanouir en quelques instants.

Les compagnons de voyage du P. Bressany furent eux-mêmes la cause innocente du malheur qui les enveloppa tous. Les Français, avant de les laisser partir, leur avaient donné en présent des arquebuses, et leur joie se manifestait par l'usage fréquent qu'ils en faisaient sur la route. Ils s'en servirent surtout lorsque le mauvais temps les força de s'arrêter sur les bords du lac Saint-Pierre. A l'entrée de la rivière Margueric, à six lieues environ des Trois-Rivières, ils s'amusèrent à tirer sur des outardes.

Le bruit de ces décharges multipliées donna l'éveil à trente Iroquois embusqués près de là. Ils allèrent attendre les Hurons derrière une pointe qu'il leur fallait nécessairement doubler. Le canot du missionnaire s'avançait le premier, et au détour il se trouva en présence de trois canots iroquois. Il fut fait prisonnier avec ses deux Hurons. Les deux autres canots voulurent fuir ; mais deux canots d'Iroquois bien armés leur coupèrent la retraite. Bertrand Sotrioskon se préparait à vendre chèrement sa vie, et à tirer sur ses ennemis, quand ceux-ci le prévinrent et lui donnèrent la mort. Les autres se rendirent, jugeant toute résistance inutile.

Le P. Bressany vit les Iroquois déchirer les lettres adressées aux Pères qui demeuraient chez les Hurons, et partager les effets qui leur

étaient destinés. D'autres sauvages faisaient en
même temps les préparatifs d'un horrible festin.
Ils avaient arraché le cœur au Huron qu'ils avaient
tué, et, sous les yeux des prisonniers, ils faisaient
bouillir ou rôtir ses membres mutilés.

Les Iroquois, fiers de leur capture, se mirent
bientôt en route pour leur pays. Ils remontèrent la
rivière qui portait leur nom, et qu'on nomme aujourd'hui rivière de Sorel. Le 6 mai, ils firent rencontre d'une autre bande de guerriers. La vue de
ce triste convoi remplit ceux-ci de joie et d'espérance. Chez ces peuples grossiers tout servait d'a-
liment à la superstition, et leurs habitudes de
cruauté léur faisaient chercher de préférence
d'heureux présages dans le sang et la douleur. Ils
avaient d'ailleurs à venger la mort d'un de leurs
compatriotes, tué récemment près de Montréal. Ils
torturèrent donc les prisonniers, et le P. Bressany
reçut pour sa part une grêle de coups de bâton. Il
apprit en même temps le sort qui lui était destiné.
On devait le brûler vif au premier village, pour
venger la mort du guerrier iroquois. « Son courage ne faiblissait pas, dit le Huron qui s'était
échappé. Il paraissait toujours content et joyeux.
Il semblait s'oublier lui-même, pour ne songer
qu'à ses compagnons d'infortune qu'il tâchait de
consoler et de fortifier par les généreuses pensées
de la foi. »

II.

Laissons l'héroïque serviteur de Dieu raconter lui-même au supérieur général de son ordre les épisodes émouvants de sa douloureuse captivité.

« Très-révérend Père en Jésus-Christ,

« *Pax Christi.*

« Je ne sais si Votre Paternité reconnaîtra l'écriture d'un pauvre estropié, autrefois bien sain de corps, et très-connu d'elle. La lettre est mal écrite et assez sale, parce qu'entre autres infirmités, celui qui l'écrit n'a plus qu'un doigt entier à la main droite, et il ne peut empêcher le sang qui découle de ses plaies encore ouvertes, de salir son papier. Son encre est formée de poudre à fusil délayée, et la terre lui sert de table. Il vous écrit du pays des Iroquois, où il est aujourd'hui prisonnier, pour vous raconter brièvement la conduite de la divine Providence à son égard dans ces derniers temps.

« Je partis des Trois-Rivières par ordre des supérieurs, le 27 avril dernier, de compagnie avec six sauvages chrétiens et un jeune Français, qui remontaient dans trois canots jusqu'au pays des Hurons. Le soir du premier jour, le Huron qui guidait notre canot nous fit chavirer sur le lac Saint-Pierre, en tirant sur un aigle. Je ne savais pas nager, mais deux Hurons me saisirent et me traînèrent jusqu'au rivage, où nous passâmes la nuit avec nos vêtements tout mouillés.

« Les Hurons prirent cet accident pour un mauvais augure, et me conseillèrent de retourner aux Trois-Rivières qui n'étaient qu'à huit ou dix milles. « Certainement, disaient-ils, le voyage ne « sera pas heureux. »

« Comme je craignais qu'il n'y eût dans cette résolution quelque pensée superstitieuse, j'aimai mieux passer outre jusqu'à un fort des Français, trente milles plus haut, où nous pourrions nous remettre un peu. Ils m'obéirent, et nous nous mîmes en route le lendemain matin d'assez bonne heure. Mais la neige et le mauvais temps retardèrent beaucoup notre marche, et nous forcèrent de nous arrêter au milieu de la journée.

« Le troisième jour, à vingt-deux ou vingt-quatre milles des Trois-Rivières et à sept ou huit du fort Richelieu, nous tombâmes dans une embuscade de vingt-sept Iroquois, qui tuèrent un de mes sauvages et firent les autres prisonniers ainsi que moi. Nous aurions pu fuir ou tuer quelques Iroquois ; mais, quand je vis mes compagnons pris, je crus qu'il valait mieux ne pas les abandonner. Je regardai comme un signe de la volonté de Dieu les dispositions de mes sauvages, qui étaient d'avis et qui avaient la résolution de se rendre, plutôt que de chercher leur salut par la fuite.

« Après nous avoir liés, les Iroquois poussèrent des cris horribles, *comme se réjouissent des vainqueurs maîtres du butin*, et ils rendirent des actions de grâces au soleil d'avoir livré entre leurs mains une *Robe noire* (c'est le nom qu'ils donnent aux jésuites). Ils entrèrent dans nos canots, et s'emparèrent de tout ce qu'ils portaient. C'étaient les provisions des missionnaires qui habitaient chez les Hurons, et qui se trouvaient dans une extrême nécessité, parce que depuis plusieurs années ils n'avaient reçu aucun secours d'Europe.

« Ils nous ordonnèrent de chanter, puis ils nous conduisirent dans une petite rivière voisine, où ils se partagèrent le butin, et où ils enlevèrent la chevelure au Huron qu'ils avaient tué. Ils devaient la porter en triomphe au haut d'un bâton. Ils lui coupèrent les pieds, les mains et les parties les plus charnues du corps, afin de les manger, ainsi que son cœur.

« Le cinquième jour, ils nous firent traverser le lac pour passer la nuit dans un lieu retiré, mais très-humide. Nous commençâmes là à prendre notre sommeil, liés à terre, et à la belle étoile, comme dans le reste du voyage.

« Ma consolation était de savoir que je faisais la volonté de Dieu, puisque je n'avais entrepris ce voyage que par obéissance. J'étais plein de confiance dans l'intercession de la sainte Vierge et dans les secours de tant d'âmes qui priaient pour moi.

« Le jour suivant, nous nous embarquâmes sur une rivière ; et après quelques milles, ils m'ordonnèrent de jeter à l'eau mes écrits qu'ils m'avaient laissés jusque-là. Ils croyaient superstitieusement qu'ils avaient fait briser notre canot. Ils furent surpris de me voir sensible à cette perte, moi qui n'avais témoigné aucun regret pour tout le reste.

« Nous fûmes deux jours à remonter cette rivière jusqu'à une chute d'eau qui nous força de mettre pied à terre et de marcher six jours dans le bois.

« Le lendemain, 6 mai, qui était un vendredi, nous rencontrâmes des Iroquois qui allaient en guerre. Ils nous donnèrent quelques coups qu'ils accompagnèrent de bien des menaces ; mais le récit qu'ils firent à nos gardiens de la mort d'un de leur troupe, tué par un Français, fut cause qu'on se mit à nous traiter avec beaucoup plus de cruauté.

« Au moment de notre prise, les Iroquois mouraient de faim ; aussi en deux ou trois jours ils consommèrent toutes nos provisions, et nous n'eûmes pour ressource, le reste du voyage, que la chasse, la pêche, ou quelques racines sauvages quand on en trouvait. La disette devint si grande, qu'ils ramassèrent sur le rivage un castor mort et déjà gâté. Ils me le donnèrent le soir à préparer ; mais sa puanteur m'ayant fait croire qu'ils n'en voulaient plus, je le jetai à l'eau. J'expiai cette maladresse par une rude pénitence.

« Je ne raconterai pas ici tout ce que j'eus à souffrir dans ce voyage ; il suffit de dire que nous avions à porter nos bagages dans les bois par des chemins non frayés, où on ne trouve que des pierres, des ronces, dès trous, de l'eau et de la neige ; celle-ci n'avait pas encore entièrement disparu. Nous étions nu-pieds, et nous restions à jeun quelquefois jusqu'à trois et quatre heures après midi, et souvent pendant la journée entière, exposés à la pluie et mouillés jusqu'aux os. Nous avions même à traverser quelquefois des torrents et des rivières.

« Le soir venu, j'étais chargé d'aller chercher le bois et l'eau, et de faire la cuisine, quand il y avait des provisions. Lorsque je ne réussissais pas, ou que je comprenais mal les ordres que je recevais, on n'épargnait pas les coups. Il fallait m'y attendre, surtout quand nous rencontrions d'autres sauvages qui allaient à la pêche ou à la chasse. Je reposais difficilement la nuit, car on me liait à un arbre, et on me laissait exposé à la rigueur de l'air, encore assez froid à cette époque.

« Nous arrivâmes enfin au lac des Iroquois. Il nous fallut faire d'autres canots, auxquels je dus aussi mettre la main. Après cinq ou six jours de navigation, nous mîmes pied à terre et nous marchâmes trois jours.

« Le quatrième jour, qui était le 15 de mai, nous nous trouvâmes vers la vingtième heure, et avant d'avoir encore rien pris, sur les bords d'une rivière où étaient réunis quatre cents sauvages pour la pêche.

« A la nouvelle de notre approche, ils vinrent au-devant de nous, et à deux cents pas de leurs cabanes, ils enlevèrent tous mes vêtements, et me firent marcher en tête. Les jeunes gens formaient une haie à droite et à gauche, tous armés d'un bâton, à l'exception du premier qui tenait un couteau. Quand je voulus m'avancer, celui-ci me barra le passage, et, saisissant ma main gauche, il la fendit avec son couteau entre l'annulaire et le petit doigt ; mais il le fit avec tant de force et de violence, que je crus qu'il voulait m'ouvrir la main entière. Les autres commencèrent alors à me frapper avec leurs bâtons, et ils ne cessèrent que quand je fus arrivé au théâtre qu'ils avaient préparé pour nous tourmenter.

« Il nous fallut monter sur ces écorces grossières, élevées au-dessus de terre environ de neuf palmes, de manière à donner à la foule le loisir de nous voir et de se moquer de nous. J'étais tout couvert du sang qui coulait de toutes les parties de mon corps, et le vent auquel nous étions exposés était assez froid pour le geler immédiatement sur ma peau.

« Ce qui me consolait beaucoup, c'était de voir que Dieu me faisait la grâce de souffrir quelque petite chose en ce monde, au lieu des tourments incomparablement plus grands que j'aurais eu à souffrir pour mes péchés dans l'autre.

« Les guerriers vinrent ensuite, et les sauvages les reçurent avec de grandes cérémonies, et les régalèrent de tout ce que leur pêche leur avait donné de meilleur.

« On nous commanda de chanter. Jugez si nous pouvions le faire, étant à jeun, épuisés par la marche, brisés par les coups, et tremblants de froid de la tête aux pieds.

« Peu de temps après, un esclave huron m'apporta un peu de blé d'Inde, et un capitaine qui me voyait transi de froid me rendit enfin, à force d'instances, la moitié d'une vieille soutane d'été en lambeaux : c'était assez pour me cacher, mais non pour me réchauffer.

« Ils nous obligèrent de chanter jusqu'au départ

des guerriers, et nous restâmes alors à la merci
de la jeunesse, qui nous fit descendre du théâtre
où nous étions depuis environ deux heures, pour
nous faire danser à leur manière. Comme je ne
réussissais pas, et que je n'en étais pas capable,
ces jeunes gens me frappaient, me piquaient, m'ar-
rachaient les cheveux, la barbe, etc.

« On nous retint cinq à six jours dans ce lieu
pour leur passe-temps, nous laissant entièrement
à leur discrétion et à leur indiscrétion. Nous
étions obligés d'obéir même aux enfants, et dans
des choses peu raisonnables, et souvent contra-
dictoires. « Chante, disait l'un. — Tais-toi, di-
« sait un autre. » Si j'obéissais au premier, le
second me maltraitait. « Avance ta main, je veux
« la brûler. » Un autre me brûlait parce que je ne
la lui présentais pas. Ils me commandaient de
prendre du feu avec les doigts pour le mettre dans
leurs pipes pleines de tabac, et ils le laissaient
tomber à terre à dessein, quatre et cinq fois de
suite, pour me faire brûler en le ramassant.

« Ces scènes se passaient ordinairement la nuit ;
car, vers le soir, les capitaines criaient à pleine
voix autour des cabanes : « Réunissez-vous, jeunes
« gens, et venez *caresser* nos prisonniers. » A cette
nouvelle, ils accouraient et se réunissaient dans
une grande cabane. Là on m'enlevait le lambeau
de vêtement qu'on m'avait donné ; et dans cet état

de nudité, ceux-ci me piquaient avec des bâtons aigus, ceux-là me brûlaient avec des tisons ardents ou des pierres rougies au feu, et d'autres se servaient de cendres brûlantes ou de charbons enflammés. Ils me faisaient marcher autour du feu sur la cendre chaude, sous laquelle ils avaient planté en terre des bâtons pointus. Les uns me tiraient les cheveux, les autres la barbe.

« Chaque nuit, après m'avoir fait chanter et m'avoir tourmenté comme je l'ai dit, ils passaient environ un quart d'heure à me brûler un ongle ou un doigt. Il ne m'en reste maintenant qu'un seul entier ; et encore ils en ont arraché l'ongle avec les dents. Un soir, ils m'enlevaient un ongle, le lendemain la première phalange, le jour suivant la seconde. En six fois, ils en brûlèrent presque six. Aux mains seules, ils m'ont appliqué le feu et le fer plus de dix-huit fois, et j'étais obligé de chanter pendant ce supplice. Ils ne cessaient de me tourmenter qu'à une ou deux heures de la nuit. Ils me laissaient alors ordinairement lié à terre et sans abri. Je n'avais pour lit et pour couverture qu'un morceau de peau la moitié trop petit. J'étais même souvent sans aucun vêtement, car ils avaient déjà déchiré le morceau de soutane qu'on m'avait donné.

« Pendant un mois entier nous eûmes à subir ces cruautés, et de plus grandes encore ; mais nous ne restâmes que huit jours dans ce premier lieu. Je n'aurais jamais cru que l'homme eût la vie si dure.

« Une nuit qu'ils me tourmentaient comme de coutume, un Huron fait prisonnier avec moi, ayant vu un de ses compagnons échapper au supplice en se déclarant contre nous, se mit à crier au milieu de l'assemblée que j'étais une personne de qualité et un capitaine des Français. Ils l'écoutent avec beaucoup d'attention, et, poussant ensuite un grand cri en signe d'allégresse, ils me traitent avec une nouvelle rage.

« Le lendemain matin je fus condamné à être brûlé vif et à être mangé. On commença alors à me garder de plus près. Les hommes et les enfants ne me laissaient jamais seul, sous aucun prétexte, à la cabane, dans la crainte que je ne prisse la fuite.

« Nous partîmes de là le 26 de mai, et en quatre journées, nous atteignîmes les premières terres de cette nation. Dans ce voyage fait à pied sous la pluie, et avec d'autres incommodités, je souffris plus que jamais. Le sauvage, alors mon gardien, était plus cruel que le premier. J'étais blessé, faible, mal nourri, à moitié nu. Je dormais en plein air, lié à un piquet ou à un arbre, et je tremblais toute la nuit, à cause du froid et de la douleur que me causaient mes liens.

« Dans les passages difficiles, ma faiblesse récla-
mait un secours ; mais on me le refusait, et même,
quand je tombais, me renouvelant mes douleurs,
ils m'accablaient de nouveaux coups, pour me
forcer à marcher. Ils croyaient que je le faisais à
dessein, afin de rester en arrière et de m'échapper
ensuite.

« Un jour entre autres, je tombai dans un ruis-
seau, et peu s'en fallut que je ne me noyasse. J'en
sortis, mais je ne sais comment ; et dans cet état
j'eus à faire encore près de six milles de chemin
jusqu'au soir, avec un fardeau très-pesant sur mes
épaules. Ils se moquèrent de moi et de ma maladresse de m'être laissé tomber à l'eau, et cela ne
les empêcha pas de me brûler encore un ongle
pendant la nuit.

« Nous arrivâmes enfin au premier village de
cette nation. Ici notre réception ressembla à la
première, et fut encore plus cruelle ; car, outre les
coups de poing et les coups de bâton que je reçus
dans les parties les plus sensibles du corps, ils
me fendirent encore une fois la main gauche entre
le doigt du milieu et l'index, et leur bastonnade fut
telle, que je tombai à demi mort. Je croyais avoir
perdu mon œil droit avec la vue.

« Comme je ne me relevais pas, parce que je
n'en étais pas capable, ils continuaient à me frapper surtout sur la poitrine et sur la tête. J'aurais

certainement expiré sous leurs coups, si un capitaine ne m'eût pas fait traîner à force de bras sur un théâtre formé d'écorces, comme le premier. Là ils me coupèrent peu après le gros doigt de la main gauche, et fendirent l'index ; mais au même moment la pluie, accompagnée du tonnerre et des éclairs, tomba en si grande abondance, que les sauvages se retirèrent et nous laissèrent sans vêtements, exposés à l'orage. Un sauvage, que je ne connaissais pas, eut pitié de nous, et nous fit entrer le soir dans la cabane.

« Nous fûmes tourmentés dans cette circonstance avec plus de cruauté et d'audace que jamais, sans qu'on nous laissât un moment de relâche. Ils me mirent de l'ordure dans la bouche, et me brûlèrent le reste des ongles et quelques doigts des mains. Ils disloquèrent les doigts des pieds, et me percèrent un pied avec un tison.

« Après avoir satisfait leur cruauté, ils nous envoyèrent dans un autre village à neuf ou dix milles plus loin. Ici on ajouta aux tourments dont j'ai déjà parlé, celui de me suspendre par les pieds, tantôt avec des cordes, tantôt avec des chaînes que leur avaient données les Hollandais.

« Pendant la nuit je restais étendu sur la terre nue, et attaché, selon leur coutume, à plusieurs piquets, par les pieds, les mains et le cou. Pendant six ou sept nuits, les moyens qu'ils prirent pour me faire souffrir sont tels, qu'il ne m'est pas permis de les décrire, et qu'on ne pourrait pas les lire sans rougir. Je ne fermai pas l'œil pendant ces nuits-là, qui me parurent très-longues, quoiqu'elles fussent les plus courtes de l'année. Mon Dieu ! que sera donc le purgatoire ? Cette considération adoucissait beaucoup mes douleurs.

« Après un pareil traitement, je devins si infect et si horrible, que tout le monde s'éloignait de moi, comme d'un cadavre en putréfaction, et on ne m'approchait que pour me tourmenter.

« Je trouvais difficilement quelque personne charitable pour me mettre la nourriture dans la bouche, ne pouvant me servir d'aucune de mes mains, qui étaient extrêmement enflées et en pourriture. J'avais donc à souffrir aussi la faim. Je fus même réduit à manger des grains de blé d'Inde crus, au détriment de ma santé. Le besoin me fit même trouver du goût à mâcher de l'argile, quoiqu'il ne me fût guère possible de l'avaler.

« J'étais couvert de sales insectes, sans pouvoir m'en délivrer ni m'en défendre. Les vers naissaient dans mes plaies; et dans un seul jour, il en tomba plus de quatre d'un de mes doigts. *J'ai dit à la pourriture : Vous êtes mon père; et aux vers : Vous êtes ma mère et mes sœurs.* (JOB, XVII, 14.) J'étais devenu un fardeau pour moi-même, de sorte que si je n'avais consulté que moi, j'aurais regardé la mort comme un gain.

« Il s'était formé un abcès à ma cuisse droite, à la suite des coups que j'avais reçus et des chutes fréquentes que j'avais faites. Il ne me laissait aucun repos, surtout depuis que je n'avais plus que les os et la peau, et que je ne couchais que sur la terre. Les sauvages l'avaient ouvert plusieurs fois avec des pierres aiguës, en me causant de vives douleurs, mais sans succès. Il fallut que le Huron apostat pris avec moi me servît de chirurgien. Le jour qui, dans ma pensée, était la veille de ma mort, il me l'ouvrit en me donnant quatre coups de couteau. Le sang et le pus en sortirent en si grande abondance et répandirent une telle odeur, que tous les sauvages furent obligés de sortir de la cabane.

« Je désirais et j'attendais la mort, mais non sans éprouver une vive horreur du feu. Je me préparais cependant de mon mieux, en me recommandant au cœur de la *Mère de miséricorde*, qui est vraiment la *Mère aimable, admirable, puissante, clémente, et la consolatrice des affligés*. Elle était, après Dieu, l'unique refuge d'un pauvre pécheur abandonné de toutes créatures humaines sur une terre étrangère, *dans ce lieu d'horreur et cette vaste solitude*, sans langue pour se faire comprendre, sans amis pour le consoler, sans sacrements pour le fortifier, et sans aucun remède humain pour adoucir ses maux.

« Les prisonniers hurons et algonquins (ceux-ci sont appelés nos sauvages), au lieu de me consoler, étaient les premiers à me faire souffrir, pour plaire aux Iroquois. Je ne vis le bon Guillaume qu'après ma délivrance. L'enfant fait prisonnier avec moi avait été éloigné, depuis qu'on s'était aperçu que je lui faisais faire des prières, ce qui ne leur plaisait pas. Ils le tourmentèrent aussi; et quoiqu'il n'eût pas plus de douze à treize ans, ils lui enlevèrent cinq ongles avec les dents. En arrivant dans leur pays, ils lui avaient lié les poignets avec de petites cordes, mais serrées le plus fortement qu'ils purent, de manière à lui causer de très-vives douleurs. Ils faisaient tout cela devant moi, pour augmenter ma peine. Oh! que l'on apprécie alors bien autrement beaucoup de choses pour lesquelles on a ordinairement tant d'estime ! Plaise à Dieu que je m'en souvienne et que j'en profite !

« Mes jours étaient donc ainsi pleins de souffrances, et mes nuits sans repos ; ce qui fut cause que je comptais dans le mois cinq jours de plus qu'il ne fallait ; mais en voyant un soir la lune, je corrigeai mon erreur.

« J'ignorais pourquoi les sauvages différaient tant ma mort. Ils me dirent que c'était pour m'engraisser avant de me manger; ils n'en prenaient guère le moyen.

« Ils prononcèrent enfin sur mon sort. Ce fut le 19 juin, jour que je regardais comme le dernier de ma vie. Je demandai à un capitaine de me faire mourir, s'il était possible, autrement que par le feu ; mais un autre chef l'encourageait à ne pas changer la résolution déjà prise. Alors le premier me déclara que je ne mourrais ni par le feu, ni par un autre supplice. Je ne pouvais pas le croire, et je ne sais s'il parlait sérieusement, mais c'était la vérité.

« Telle était la volonté de Dieu et de la Vierge-Mère, à qui je me reconnais redevable de la vie, et, ce que j'estime encore plus, d'une grande force au milieu de mes maux. Qu'il plaise à la majesté de Dieu d'en tirer sa plus grande gloire et mon salut !

« Les sauvages se trouvèrent eux-mêmes très-surpris de ce résultat, si contraire à toutes leurs intentions, comme l'ont raconté et écrit les Hollandais.

« Je fus donc donné avec toutes les cérémonies d'usage à une vieille femme, afin de remplacer son aïeul, tué autrefois par les Hurons ; mais au lieu de me faire brûler, selon les désirs et l'avis de tous, elle me racheta de leurs mains, au prix de quelques grains que les Français nomment *porcelaines*.

« Je vis ici au milieu des ombres de la mort, et

je n'entends parler que d'homicide et d'assassinat. Dernièrement ils ont assommé un de leurs compatriotes dans une cabane, sous le prétexte qu'il était inutile, et qu'il ne méritait plus de vivre.

« Je ne suis pas sans avoir toujours à souffrir un peu. Mes plaies sont encore ouvertes, et plusieurs sauvages me voient de mauvais œil. Il est donc vrai qu'on ne peut pas vivre sans croix ; mais celle-ci est bien douce auprès des autres.

« Les Hollandais me font espérer ma rançon et celle de l'enfant fait prisonnier avec moi. Que la volonté de Dieu s'accomplisse dans le temps et dans l'éternité ! Mon espérance sera plus ferme encore, si vous me donnez une part dans vos prières et dans vos saints sacrifices, et dans les prières de nos Pères et de nos Frères, surtout de ceux qui m'ont connu autrefois.

« Du pays des Iroquois, 15 juillet 1644. »

III.

Cependant la nouvelle de la prise du P. Bressany avait porté la désolation dans la colonie. C'était le second missionnaire qui tombait entre les mains de ces barbares. Les fervents néophytes de Silléri montrèrent, dans cette occasion, toute la vivacité de leur foi.

Le P. Dequen, leur missionnaire, leur avait annoncé ce malheur, et leur avait dit de le regarder comme un effet de la colère de Dieu pour les péchés du monde.

« Tu dis vrai, mon Père, reprit alors à haute voix un des capitaines algonquins qui l'écoutaient : ce sont nos péchés qui ont fait tomber le P. Bressany et les Hurons entre les mains des Iroquois; ce sont eux qui sont cause des tourments qu'ils souffrent peut-être maintenant. Qu'on ne dise pas que c'est la prière qui cause ces malheurs; ce serait un autre péché, capable d'attirer de plus grandes malédictions sur nos têtes. Comment est-ce que Dieu ne nous châtierait pas! Il y a si longtemps qu'on nous enseigne et qu'on nous prêche la crainte et l'amour de Dieu, et il y a encore tant de malheureux qui s'enivrent, qui font des festins à tout manger, qui consultent les démons en leur offrant des sacrifices, etc. »

Le courageux et fervent néophyte forma alors le projet d'une espèce de guerre sainte pour arrêter les progrès toujours croissants des ennemis. « Montrons, disait-il à ses compagnons, que la foi ne nous rend pas timides, et qu'au contraire elle nous donne du courage. Il ne faut pas souffrir qu'elle soit déshonorée par les mensonges et les calomnies des méchants. Mais ce qui m'oblige surtout à cette guerre, c'est la prise du P. Bressany. Il est du nombre de ceux qui viennent de si loin pour nous instruire, et qui nous aiment tant. Il s'est exposé pour nous à ce danger ; ses frères sont affligés de sa perte ; il faut les consoler et essuyer leurs larmes. »

Mais ce n'était point par les armes que le pieux apôtre devait être délivré. Fidèles à leurs promesses, les Hollandais avaient traité de sa rançon, et, grâce à eux, il quittait les villages iroquois le 19 août, après quatre mois de captivité.

Les Hollandais l'accueillirent avec le même empressement qu'ils avaient témoigné au P. Jogues en pareille circonstance, lorsqu'ils lui ménagèrent, il y avait précisément une année, l'occasion de s'échapper des mains de ses bourreaux. Ils lui donnèrent des vêtements, et tous les secours nécessaires pour réparer ses forces. Il se remit en peu de temps, malgré tant de souffrances, et partit pour la France. En arrivant à la Rochelle, le 15 novembre 1644, après une traversée de cinquante-cinq jours, presque toujours au milieu des tempêtes, il se trouva plus fort et mieux portant qu'il ne l'avait jamais été. Voici la lettre de recommandation que, par prudence, le gouverneur hollandais lui avait remise, pour lui servir au besoin :

« Nous, Guillaume Kieft, directeur général, et le conseil de la Nouvelle-Belgique, à tous ceux qui verront les présentes, salut.

« François-Joseph Bressany, de la Compagnie de Jésus, fait prisonnier il y a quelque temps en Canada par les sauvages iroquois, appelés ordinairement Maquois, tourmenté longtemps par eux, et à la veille d'être brûlé, a été heureusement, et après bien des diffficultés, arraché par nous de leurs mains, moyennant une rançon, et délivré. Maintenant qu'avec notre consentement il va en Hollande pour retourner de là en France, la charité chrétienne exige que tous ceux chez qui il se présentera le reçoivent avec bonté. En conséquence, nous prions tous les gouverneurs, commandants ou leurs lieutenants, et les capitaines, de lui prêter secours à son arrivée ou à son départ, leur promettant de leur rendre en pareil cas le même service.

« Fait au fort de la Nouvelle-Amsterdam, dans la Nouvelle-Belgique, le 20 de septembre, l'an du salut 1644. » (DUCREUX, *Histoire du Canada.*)

La traversée fut marquée par plus d'un incident pénible pour le pieux missionnaire, qui, loin de se plaindre de trouver ainsi constamment la croix devant ses pas, s'en réjouit au contraire, et en rendit grâces au divin Maître.

« Un corsaire turc, écrivait-il en débarquant à

l'île de Rhé le 16 novembre 1644, nous a poursuivis pendant plusieurs jours entiers. Ma compagnie, sur le vaisseau, se composait de huguenots qui avaient une antipathie extrême pour le nom de *Papiste* et de *Jésuite.* La cabine où j'étais logé n'avait que les quatre murs, et sa dimension ne me permettait pas de m'étendre de tout mon long. Les vivres et même l'eau manquèrent pendant la traversée ; mais si vous exceptéz le mal de mer qui ne m'épargna pas, je me trouvai toujours très-bien ; et après cinquante-cinq jours d'une navigation pénible, j'arrivai en habit de matelot à l'île de Rhé, dans le meilleur état de santé dont j'aie joui depuis dix-huit ans que je suis dans la Compagnie. Je fus obligé de demander l'aumône en débarquant, et ce fut pour moi une consolation intérieure plus grande qu'on ne peut se l'imaginer. Dieu soit béni ! »

Le P. Bressany, dont le premier soin en arrivant en France fut de solder le prix avancé pour sa rançon, ne se crut jamais quitte de la dette de reconnaissance qu'il avait contractée envers ses libérateurs ; ses vœux les plus sincères leur furent acquis, et il n'oublia jamais devant le Seigneur ces frères séparés qui s'étaient montrés si charitables pour lui.

IV.

Le séjour du P. Bressany en Europe ne fut pas de longue durée. La mission où il semblait n'avoir mis le pied que pour l'arroser de son sang était toujours l'objet de ses plus ardents désirs. Il obtint sans peine de ses supérieurs la permission d'y retourner, et nous le voyons reparaître au Canada dès le mois de juillet de l'année suivante.

C'était l'époque célèbre de la première paix solennelle faite avec les Iroquois. Le 17 juillet 1645, il assista, aux Trois-Rivières, à la grande assemblée où furent introduits les ambassadeurs iroquois. Il embrassa comme amis et comme frères ceux qui avaient été ses bourreaux. Sentiment bien digne d'un cœur apostolique : le souvenir des coups qu'il avait reçus et des blessures dont il avait été couvert ne lui faisait ambitionner qu'avec plus d'ardeur le privilége de porter la foi au milieu d'eux ; mais il ne put obtenir la faveur qu'il désirait. Il s'en dédommagea en montrant à ces cœurs sauvages quelle vengeance inspire la religion. Il fit une quête parmi les Français de la colonie, et leur offrit lui-même son présent.

Le P. Bressany ne s'arrêta pas longtemps aux Trois-Rivières. Nommé de nouveau pour aller au secours des missionnaires chez les Hurons, il s'y rendit dans l'automne de 1645. Sa première destination y avait déjà fait connaître son nom ; mais les événements qui s'étaient passés depuis l'avaient encore grandi aux yeux des néophytes, et même aux yeux des païens. Ils le reçurent comme un héros qui avait fait ses preuves ; car la plus héroïque vertu, à leurs yeux, consistait surtout à supporter courageusement la douleur.

Le P. Bressany parut au milieu des Hurons, sans savoir leur langue, qu'il n'avait pas encore eu le temps d'apprendre ; et cependant sa présence excita le plus vif intérêt. « Il put même, raconte le P. Raguenau, supérieur de cette mission, se mettre aussitôt à l'œuvre, et avec fruit. Ses mains mutilées, ses doigts coupés, son corps couvert de cicatrices, l'ont rendu, dès son arrivée, meilleur prédicateur que nous ne sommes, et ont servi plus que toutes nos instructions à faire comprendre à nos Hurons la divinité de la religion chrétienne. »

Ils sentirent, en le voyant, tout ce qu'a de puissance le témoignage du sang, le plus triomphant que puisse recevoir la vérité. On croit volontiers des témoins prêts à se laisser égorger pour défendre ou pour propager ce qu'ils enseignent.

« Il faut, disaient les uns, que Dieu soit bien

aimable et vraiment seul digne d'être servi, puisque
la vue de mille morts et de supplices encore plus
terribles que la mort ne peut arrêter ceux qui
viennent nous annoncer sa parole. — S'il n'y avait
pas de paradis, trouverait-on des hommes disposés
à traverser les mers pour nous arracher à l'enfer
et nous mener avec eux au ciel, au risque de ren-
contrer le fer et le feu des Iroquois ? » ajoutaient
les autres.

« Non, disait encore celui-ci, je ne puis pas être
tenté sur les vérités de la foi ; je ne sais ni lire ni
écrire ; mais ces doigts coupés sont la réponse à
tous mes doutes. Je suis bien sûr que celui qui a
souffert tant de cruautés, et qui s'y est encore
exposé volontiers une seconde fois, aussi gaîment
que s'il n'avait trouvé dans ce pays que des délices, est bien certain de la doctrine qu'il nous
prêche....

« Montre-nous tes plaies, disaient ceux-là ; elles
nous disent plus efficacement que tu ne pourras le
faire, quand tu sauras bien notre langue, que nous
devons servir et adorer celui dont tu attends un
jour qu'il te rendra la vie que tu as exposée pour
lui et les doigts qu'on t'a brûlés. »

Ce saint missionnaire, après avoir passé trois
ans chez les Hurons, fut chargé, en 1648, d'accom-
pagner un grand convoi qui se préparait à descendre aux Trois-Rivières. Deux cent cinquante

hommes, parmi lesquels on comptait douze chrétiens ou catéchumènes et deux Français, formaient
cette importante expédition. Les Hurons voulaient,
à tout prix, et malgré tous les dangers de ce long
voyage, tenter de renouer les communications avec
les Français des Trois-Rivières et de Québec.

Privés de ce commerce, ils voyaient leurs ressources s'épuiser. Leurs pelleteries leur deve-
naient inutiles, et ils ne pouvaient plus se procurer
les haches, les chaudières, les fusils et les munitions nécessaires. La paix avec l'Iroquois n'avait
pas été en effet de longue durée, et les chemins
qui conduisaient à la colonie française étaient de
nouveau interceptés par des bandes de guerriers.

Ils s'étaient donc décidés à s'ouvrir un passage.
S'il y avait eu déjà des expéditions plus nombreuses, jamais on n'en avait vu où régnât plus
d'ordre et d'ensemble. On aurait dit l'armée la
mieux disciplinée, sous la direction des chefs les
plus habiles. Toutes les précautions étaient prises
pour éviter les embûches de l'ennemi, et la vigi-
lance était telle, de jour et de nuit, qu'il n'y avait
à redouter aucune surprise.

Les chrétiens de cette troupe, sans faire bande
à part, lorsqu'il s'agissait de la sûreté commune,
se groupaient souvent autour du missionnaire.
Deux fois le jour, ils offraient en commun et publiquement leurs prières au maître de la vie, et

consacraient quelques moments à écouter les instructions de son ministre.

Le voyage était heureux ; l'ennemi ne se montrait nulle part. Il est probable que, grâce à la position avantageuse qu'il avait l'adresse de prendre sur des lieux élevés, il avait reconnu la supériorité de cette armée huronne, et qu'il avait jugé prudent de ne pas chercher à lui barrer le passage.

Les Hurons arrivaient donc sans encombre au terme de leur voyage, et approchaient des Trois-Rivières. C'était le 17 juillet 1648. Ils voulurent se préparer à faire une entrée solennelle. A une certaine distance du fort, et avant d'être aperçus par les Français, ils mirent pied à terre, au milieu des joncs qui bordaient le rivage, pour faire à leur aise leurs dispositions accoutumées. Se peindre la figure et le corps de couleurs variées et brillantes, se graisser les cheveux, se couvrir la tête, le cou et les bras de colliers, tels étaient pour ces peuples les ornements obligés d'un jour de fête.

Cependant, comme ils ne voulaient pas retarder leur arrivée, ceux qui formaient l'avant-garde se trouvèrent bientôt prêts et prirent les devants. A peine venaient-ils de mettre leurs canots à l'eau et de gagner le large, qu'ils furent aperçus en même temps et par les Français du fort des Trois-Rivières, et par une centaine d'Iroquois embusqués près de là. Les Français et les Iroquois s'embarquèrent précipitamment : les premiers pour secourir leurs alliés, les seconds pour essayer d'enlever une proie qu'ils croyaient facile.

Mais les guerriers hurons, avertis par leur avant-garde, qui s'était repliée sur elle-même, sont sur pied en un instant, les armes à la main. Laissant de côté tous les préparatifs de leur toilette, ils accourent en bon ordre au lieu du débarquement, sous le commandement de leurs cinq braves capitaines. C'était déjà trop tard pour empêcher l'ennemi de descendre à terre ; mais ils se forment aussitôt en demi-cercle pour l'envelopper, ou du moins pour être prêts à le recevoir.

Les Iroquois, à la vue de cette troupe nombreuse et si bien disposée, n'en deviennent que plus furieux, et font une décharge générale de leurs arquebuses. Les Hurons la reçoivent en se couchant à terre, comme des hommes déjà exercés à ce genre de combat ; puis ils se relèvent aussitôt, et, sans donner le temps à l'ennemi de faire une seconde décharge, ils poussent leur cri de guerre et se précipitent à l'attaque. La retraite en bon ordre n'était plus possible. Les Iroquois se défendirent en désespérés ; mais ils ne purent soutenir le choc, et ils prirent la fuite.

La victoire fut complète. Les deux Français qui accompagnaient le missionnaire combattirent avec valeur. Un d'eux confondait souvent les Iroquois et les Hurons. Dans le fort de l'action, il se trouve en présence d'un Iroquois effrayé, et, le prenant pour un Huron, il le frappe sur l'épaule et lui dit : « Courage, mon frère; battons-nous bien. » Mais un Huron qui le reconnut vint le faire prisonnier. Cet Iroquois se vantait ensuite d'avoir été pris par un Français. Il croyait qu'il lui avait dit : « Tu es mon prisonnier. »

Le P. Bressany ne s'éloigna pas du théâtre de cette sanglante action. Son ministère pouvait être nécessaire, et il n'ignorait pas toute l'influence que sa présence et ses conseils devaient exercer sur ses néophytes. Il resta donc au milieu de la mêlée. Il encourageait les uns, excitait les autres, consolait et pansait les blessés, et donnait aux moribonds les secours religieux.

Les Hurons poursuivirent quelque temps les fuyards dans les bois. Ils en tuèrent un grand nombre, firent plusieurs prisonniers, qu'ils ramenèrent au campement, rapportant avec eux les chevelures de ceux qu'ils avaient tués.

Cependant l'agitation et l'inquiétude étaient grandes aux Trois-Rivières. Toute la population était sur pied. Le tocsin d'alarme avait sonné aussitôt qu'on avait vu les Iroquois sortir de leur embuscade et poursuivre les Hurons. Les Français qui avaient volé au secours de ceux-ci, ayant entendu, en approchant du rivage, une grande fusillade dans les bois, ne purent s'assurer s'il s'agissait d'une embûche ou d'une attaque véritable. L'Iroquois les avait habituésà se méfier de toutes ses démarches. Dans la crainte d'une surprise, ils attendirent quelque temps, et, ne trouvant aucun moyen de dissiper leurs doutes, ils rentrèrent dans leur poste, selon l'ordre qu'ils avaient reçu.

Quand ces soldats rentrèrent aux Trois-Rivières, la consternation y était générale. On y avait entendu en effet la fusillade, et le bruit avait couru en même temps que deux cents Hurons, descendus pour la traite, venaient d'être défaits par les Iroquois. Les Français se reprochaient leurs excessives précautions, et se regardaient déjà comme cause de la mort de tant d'infortunés.

Au milieu de cette tristesse profonde, on aperçoit sur le fleuve un canot huron, suivi de deux canots iroquois. Quelques soldats se jettent à la hâte dans deux canots, pour secourir leurs alliés qu'ils croient encore poursuivis. Ils ne tardèrent pas à être détrompés.

Le P. Bressany montait le premier canot. L'étendard sacré de notre rédemption, comme un signe de salut et de triomphe, s'élevait sur sa tête; quelques Hurons le suivaient dans les canots de leurs ennemis.

Le missionnaire avait voulu prendre les devants, pour dissiper les inquiétudes dans lesquelles il pensait bien que ses compatriotes devaient être plongés.

Tous les habitants des Trois-Rivières se trouvèrent en un instant sur le rivage, pour accueillir les Hurons vainqueurs. Ils furent reçus au milieu des signes de la plus vive allégresse. « Bénissons le Seigneur, s'écria le missionnaire, allons tous ensemble lui rendre grâces dans son temple. Il nous a donné la victoire : nos Hurons ont triomphé des Iroquois. Ils ont fait un bon nombre de prisonniers ; il y a encore des jeunes gens à la poursuite des fuyards. »

La troupe victorieuse n'était pas éloignée. On voyait les soixante canots s'avancer lentement et en bon ordre sur le fleuve. Assis gravement au milieu de leurs trente-cinq prisonniers, les Hurons marquaient la cadence avec la voix et les avirons, tandis que leurs ennemis, selon l'usage, faisaient retentir les airs de leur chanson de mort.

Cependant le canon du fort a signalé leur arrivée et annoncé au loin leur victoire. Ils abordent ; et en passant devant la croix plantée à l'entrée du fort, les vainqueurs forcèrent les prisonniers à fléchir le genou avec eux. Ils voulaient, par cet acte solennel, les obliger à rendre hommage à la puissance de celui qui les a rachetés sur ce bois, et leur faire faire amende honorable pour avoir renversé la croix élevée, l'année précédente, près du fort Richelieu. Ces infortunées victimes, qui ne s'attendaient qu'à mourir, se soumettaient à tout.

Un Huron renégat, pris avec les Iroquois, passa par toutes les horreurs du supplice du feu; la haine qu'il semblait inspirer à ses anciens compatriotes était excitée surtout par le souvenir de son apostasie.

Les vainqueurs, pour faire honneur aux Algonquins, leur donnèrent un de leurs prisonniers à tourmenter; mais ceux-ci, dont les mœurs avaient été adoucies par le christianisme, se hâtèrent de lui donner la mort. Les Hurons admirèrent ce sentiment d'humanité, sans vouloir l'imiter. Ils ajoutèrent : « Bientôt tout notre pays sera chrétien, et alors nous traiterons comme vous nos prisonniers. »

Le chevalier de Montmagny monta aux Trois-Rivières pour assister aux assemblées solennelles qui devaient avoir lieu.

Les Hurons lui offrirent cinq présents, avec tout l'appareil d'usage en semblable circonstance. Un de leurs motifs était de dissiper les soupçons qu'aurait pu laisser dans l'esprit des Français le meurtre dont s'étaient rendus coupables quelques-uns de leurs compatriotes contre un jeune Français nommé Jacques Drouart, attaché au service des mis-

sionnaires. Ils avaient déjà donné toutes les satis-
factions désirables dans leur pays, comme on le
voit par le récit détaillé du P. Bressany; ils voulaient les renouveler devant les chefs de la colonie,
en protestant que ce crime était l'œuvre, non de
la nation, mais de quelques esprits mal disposés,
et désavoués par leurs compatriotes.

Un des principaux présents servit à exprimer
publiquement leurs dispositions pour la foi. Ils re-
mercièrent le gouverneur d'avoir envoyé des *robes
noires* jusque dans leur pays, malgré tant de dangers et tant d'ennemis. Puis, s'adressant aux missionnaires eux-mêmes qui assistaient à l'assemblée,
ils les conjurèrent de continuer leur œuvre, malgré tous les sacrifices qu'elle leur demandait dans
ces temps difficiles, et d'achever de les instruire.

Après les fêtes et les réjouissances publiques qui
remplirent les jours suivants, les sauvages s'occu-
pèrent de leur commerce.

Pendant qu'ils échangeaient leurs pelleteries
contre des armes, des munitions et des ustensiles
de toute espèce, le P. Bressany se rendit à Québec
pour traiter des graves et pressants besoins de
cette mission lointaine. On peut dire que ces besoins croissaient chaque jour, en proportion des
combats et des épreuves. Voici avec quelles couleurs un de ces intrépides ouvriers les peignait à
cette époque :

« Jamais, disait-il, le pays n'a été plus dans l'affliction, et cependant jamais la foi n'y a paru avec plus d'avantage. Les Iroquois continuent une guerre sanglante qui va exterminer nos peuplades des frontières, et qui fait craindre aux autres un semblable malheur; et Dieu en même temps peuple d'excellents chrétiens ces pauvres nations désolées, et se plaît à y établir son nom au milieu des ruines. Quoique nous ne vivions que des aumônes qui nous viennent de quinze cents lieues, à travers la mer et la rage des Iroquois, ce n'est pas le secours qui nous presse, ni celui que nous demandons avec plus d'instance. Ce sont des missionnaires dont nous avons le plus grand besoin. » (*Relation*, 1647-48.)

Ce cri de détresse fut compris à Québec, et le P. Bressany eut la consolation de voir ses efforts couronnés de succès. Il obtint un renfort considérable d'ouvriers évangéliques. Les PP. Gabriel Lalemant, Jacques Bonin, Adrien Grelon, Adrien Daran, et le F. Noir Clair, furent désignés pour cette mission laborieuse, qui devait être pour le premier d'entre eux le théâtre de son glorieux martyre. Aucun missionnaire ne pouvait alors se dissimuler le danger qu'il courait sur ce sol ensanglanté. Mais leur courage semblait grandir en proportion des difficultés et des sacrifices.

« Nous serons pris, écrivait l'un d'entre eux à

cette époque, nous serons massacrés, nous serons brûlés, passe ! Le lit ne fait pas toujours la plus belle mort. Je ne vois ici personne baisser la tête ; au contraire, chacun ambitionne ce poste. Pour venir ici, il faut sentir de près la fumée des cabanes iroquoises, et peut-être y être brûlé à petit feu ; mais quoi qu'il puisse nous arriver, je sais bien que le cœur de ceux que Dieu y aura appelés, y trouvera son paradis, et que leur zèle ne sera arrêté ni par les eaux ni par les flammes. »

De pareils sentiments n'ont pas besoin d'éloges. Ils parlent assez haut eux-mêmes. L'historien américain Baneroft leur a payé un juste tribut d'admiration, en traçant le portrait du missionnaire catholique en Canada.

« On demandera, dit-il, si ces massacres refroidissaient l'ardeur des missionnaires. Je réponds qu'ils ne reculèrent jamais d'un pas. Comme, dans une armée de braves, de nouveaux guerriers sont toujours prêts à remplacer ceux qui tombent, ainsi parmi eux jamais l'héroïsme n'a fait faute, et jamais ils n'ont refusé de concourir à une entreprise qui pourrait tourner à l'avantage de la religion ou à la gloire de la France. »

V.

Ce fut encore le P. Bressany qui servit de conducteur à ses fidèles néophytes et à leurs nouveaux apôtres, pour retourner dans la mission huronne.

Le 6 août 1648, ils quittaient tous ensemble les Trois-Rivières dans soixante canots. Le gouverneur, pour protéger ce précieux convoi, et augmenter en même temps les forces des Hurons, leur avait donné douze soldats, quelques ouvriers et une pièce de canon. On comptait en tout vingt-six Français dans cette expédition. Le voyage fut heureux, et sans aucune mauvaise rencontre; mais au moment où, pleins de joie et d'espérance, ils abordaient à ce rivage désiré, ils trouvèrent cette infortunée nation sous les coups des plus rudes épreuves, et comme au milieu des dernières convulsions, tristes pronostics d'une fin prochaine. Voici quelle fut l'occasion de ces malheurs.

Les Iroquois, malgré leur soif insatiable de sang, avaient commencé à comprendre que la guerre d'extermination qu'ils faisaient pourrait bien leur devenir fatale. Leurs victoires leur coûtaient trop cher. Ils voyaient le nombre de leurs guerriers diminuer chaque jour, sans se renouveler, en sorte que leur triomphe allait être, dans peu de temps, la cause de leur propre ruine. La division régnait en outre parmi les cinq nations. Les uns voulaient la paix à tout prix, les autres ne respiraient que la guerre. Les Agniers et les Tsonnontouœns, qui occupaient les deux points extrêmes de la confédération, et qui, par leur position géographique, touchaient, les uns aux Français par le lac Champlain, et les autres aux Hurons par la rivière de Niagara, tenaient pour le dernier parti. Ils avaient pour eux le nombre et l'audace. Quand ils surent que les autres cantons avaient envoyé des députés chez les Hurons pour traiter de la paix, ils mirent aussitôt leurs guerriers en campagne, et, pour rompre toutes les négociations entamées, ils se jetèrent sur les députés hurons, qui allaient dans les cantons iroquois faire ratifier le traité. Contre le droit des gens, ils les mirent à mort.

Scandaouti, un des députés iroquois d'Onontagué, resté en otage chez les Hurons, fut consterné à cette nouvelle. Sa fierté naturelle, vivement blessée de cette violation indigne du droit des gens, toujours sacré, même chez les barbares, ne put supporter un affront qu'il regardait comme une flétrissure pour sa patrie, et il se donna la mort.

On ne parla plus alors que de guerre. Le premier coup fut porté contre le village de Teanaustayac, où était la mission Saint-Joseph. Il fut ruiné de fond en comble. Le 7 juillet, le P. Antoine Daniel, son missionnaire, en vrai pasteur qui livre sa vie pour son troupeau, s'avança généreusement au-devant de l'ennemi, afin de ralentir sa marche et de laisser à ses néophytes, sur lesquels il venait de faire descendre une dernière bénédiction, le temps de s'échapper. Il périt avec sept cents d'entre eux dans le sac de ce village.

Le P. Bressany devait voir ce désastre se renouveler sous ses yeux l'année suivante, mais avec des circonstances bien plus terribles encore.

Les Iroquois étaient, à l'égard des Hurons, les grands instruments de la justice et de la miséricorde de Dieu, en même temps que de la rage de l'enfer. Depuis longtemps ils avaient juré leur destruction, et, à compter de 1642 surtout, ce sentiment de vengeance et ce besoin de répandre le sang avaient pris un caractère d'audace et d'acharnement qui présageait de grands malheurs.

Ils ne voulaient plus se contenter de surprendre les chasseurs hurons au milieu des forêts, ou d'arrêter, dans leurs longs voyages, les sauvages qui descendaient à la traite avec leurs pelleteries.

Une armée de mille Iroquois avait hiverné au milieu même du pays des Hurons, sans que ceux-ci s'en doutassent. Elle se tenait prête à reprendre, au commencement du printemps, son œuvre de destruction.

Depuis assez longtemps les Hurons, par une funeste sécurité, comme le remarque Charlevoix, ou par la crainte d'irriter un ennemi qui avait pris sur eux une supériorité bien marquée, laissaient désoler leurs frontières, sans adopter de mesures énergiques pour arrêter cet incendie, qui les environna bientôt de toute part. Ils se trouvèrent tellement affaiblis, par leurs pertes successives et multipliées, que la terreur se répandit dans toutes les bourgades ; et quand l'ennemi se montra à découvert pour porter ses derniers coups, il ne rencontra qu'un peuple consterné, qui semblait avoir perdu toute énergie. Ce qu'il y eut de consolant pour la religion, c'est que ces jours d'infortune et de sanglante mémoire furent des jours de triomphe pour la foi. A l'école du malheur, l'homme devient souvent sage.

Ici, comme partout ailleurs, la religion fit ses plus belles conquêtes au milieu de ses plus rudes combats.

Les Hurons sollicitèrent alors en très-grand nombre le bienfait du baptême. Ils reconnaissaient, dans leurs adversités, le châtiment qu'avait mérité leur coupable et longue résistance à la grâce, et, en se soumettant avec une résignation toute chrétienne à la volonté de Dieu, ils laissaient voir dans leurs souffrances une constance et une force de caractère qui, plus que tous leurs exploits passés, est devenue avec raison leur plus beau titre de gloire.

Le 6 mars 1649, la bourgade de Saint-Ignace fut envahie avant le jour par l'armée iroquoise, qui mit tout à feu et à sang. Trois hommes seulement s'échappèrent, pour porter l'alarme à la bourgade de Saint-Louis, à une lieue de là.

Le découragement que cette triste nouvelle inspira fut tel, que tous ses habitants prirent la fuite, à l'exception de quatre-vingts guerriers, résolus de résister jusqu'à la mort. Il est vrai que ce village était assez bien défendu par une forte palissade de quinze pieds de haut et un fossé naturel.

Le P. Jean de Brebeuf et le P. Gabriel Lalemant, missionnaires de ce lieu, ne voulurent jamais consentir à pourvoir à leur propre sûreté. Ils restèrent près de leurs néophytes à l'heure du danger, pour leur prodiguer tous les secours de la religion. Cette charité héroïque leur valut le martyre. Ils furent pris avec une partie des Hurons, et périrent avec eux au milieu des plus horribles douleurs.

Quinze grands villages qui se trouvaient trop exposés se dispersèrent d'eux-mêmes, et tous leurs habitants coururent çà et là pour chercher un asile, après avoir mis eux-mêmes le feu à leurs habitations, afin d'ôter toute retraite à leurs ennemis.

On les vit accourir en grand nombre à la mission Sainte-Marie, où était l'habitation principale des missionnaires et des Français, et le centre de leurs opérations.

On comptait alors, chez les Hurons, dix-huit missionnaires, distribués dans onze missions, huit pour les Hurons et trois pour les Algonquins. Quarante Français, les uns soldats, les autres marchands, les autres engagés comme domestiques, vivaient aussi avec eux. Ils avaient mis en état de défense le fort Sainte-Marie, et se tenaient prêts à tout événement. Mais bientôt le poste ne parut plus tenable. Les villages hurons qui formaient à l'entour une barrière puissante, n'étaient plus là pour le protéger, et la famine commençait à se faire sentir; il fallut donc chercher une retraite qui offrît plus de ressources.

Les missionnaires jetèrent d'abord les yeux sur la grande île d'Ekaentoton, soixante lieues plus loin dans le lac huron, et où l'on avait commencé une mission depuis un an. La position de cette île éloignée semblait la mettre à l'abri de tout danger. L'abord en était facile, la chasse y était abondante, et elle rapprochait du chemin qui conduisait aux établissements français.

Les capitaines hurons ne purent goûter ce projet qui les éloignait trop de leur patrie, comme s'ils avaient toujours eu l'espérance d'en reprendre possession un jour, et de reposer à côté de la cendre de leurs pères. Ils vinrent donc, au nombre de douze, demander aux missionnaires de ne pas les quitter, et de venir avec eux habiter l'île Saint-Joseph, pour y former un grand village.

« Ne nous abandonnez pas dans notre malheur, leur disaient-ils ; si jamais vous avez pris les intérêts des Hurons, voici le moment de leur montrer votre affection. Si vous ne venez pas avec nous, nous périssons ! Prenez pitié de tant de veuves, d'enfants et d'infirmes. Nous embrasserons tous *la prière*, et vous trouverez en nous des disciples dociles. »

« Ils parlèrent ainsi pendant trois heures, dit le P. Ragueneau, et avec une éloquence aussi puissante pour nous fléchir que l'art des orateurs aurait pu en inspirer au milieu de la France. » En terminant, ils jetèrent à terre dix colliers, comme leur dernière et leur plus pressante parole, et ils ajoutèrent :

« C'est la voix de nos femmes et de nos enfants, qui vous offrent le peu qui leur reste dans leur misère. Vous savez combien nous estimons ces colliers; nous estimons bien plus encore la foi.

« Ils feront revivre en vos personnes le zèle et le nom d'Echon (le P. de Brebeuf). Il a été le premier apôtre de notre pays, et il est mort pour nous assister. Vous ne refuserez pas, vous aussi, de mourir avec nous, puisque nous voulons mourir chrétiens. »

Les missionnaires acquiescèrent enfin à de si justes demandes. Ils étaient prêts à suivre leurs néophytes partout où pourrait les conduire l'instinct de leur conservation, et à se diviser même, s'il le fallait, pour ne pas les laisser privés des secours spirituels, seules consolations au milieu de tant d'infortunes.

Le P. Bressany suivit ses confrères dans l'île Saint-Joseph, et il fut, avant son départ de Sainte-Marie, témoin comme eux d'une scène déchirante. Voici comment, avec une touchante simplicité, la raconte un des missionnaires :

« Il nous fallut quitter cette ancienne demeure, ces édifices qui, quoique pauvres, paraissaient des chefs-d'œuvre de l'art aux yeux de nos pauvres sauvages, et ces terres cultivées qui nous promettaient une riche moisson. Il nous fallut abandonner ce lieu, que je puis appeler notre seconde patrie et nos délices innocentes, puisqu'il avait été le berceau de cette chrétienté, et que là était la maison de Dieu et l'asile des serviteurs de Jésus-Christ. Dans la crainte que nos ennemis, si impies, ne profanassent ce lieu de sainteté, et n'en tirassent avantage, nous y mîmes le feu, et ce ne fut pas sans verser des larmes que nous vîmes brûler, en moins d'une heure, nos travaux de neuf à dix années. »

———————————

VI.

Les missionnaires et les autres Français s'embarquèrent le 14 juin 1649, entre cinq et six heures du soir, sur un radeau qu'ils avaient construit eux-mêmes; et quelques jours après, ils abordèrent heureusement au rivage désiré. En peu de temps, trente familles, tristes débris d'un vaste naufrage, furent recueillies sur cette terre hospitalière, où la religion les entoura de ses consolations et de ses sollicitudes.

Les missionnaires choisirent aussitôt un lieu favorable, sur la côte méridionale de l'île, par où pouvait s'opérer l'invasion ennemie, et ils y tracèrent un fort régulier flanqué de quatre bastions.

Son mur en pierre, haut de douze pieds, ses nombreuses meurtrières, son fossé profond, le rendaient facile à défendre. Quelques redoutes détachées, jetées sur les principaux points environnants, servirent à couvrir et à mettre à l'abri d'un premier coup de main le village huron, qui n'avait pu être enfermé dans l'enceinte.

Toutes ces mesures, efficaces, pour le moment du moins, contre l'ennemi du dehors, ne pouvaient rien contre un fléau plus terrible encore. La famine commençait à faire au milieu d'eux d'horribles ravages. Pendant tout l'été, la crainte des Iroquois leur avait interdit presque entièrement la chasse et la pêche ; ils n'avaient eu pour se nourrir que des racines et des fruits, et quelques provisions que la prévoyance des missionnaires avait su ménager. L'hiver, si rigoureux dans ces contrées, allait enlever les dernières ressources.

Au milieu de cette profonde affliction, on vit se renouveler les scènes les plus attendrissantes, et des actes d'héroïsme et de résignation chrétienne dignes des plus beaux jours de l'Eglise.

Une mère, épuisée elle-même par tous les genres de privations, voyait mourir entre ses bras trois enfants en bas âge, qui s'attachaient inutilement à son sein desséché. En expirant sous ce précieux fardeau, dernière consolation de son cœur de mère, elle disait : « Mon Dieu, vous êtes le maître de nos vies. Soyez béni, puisque nous mourons chrétiens. J'étais perdue, et mes enfants avec moi, si nous n'eussions pas été éprouvés par le malheur. Ils ont reçu le saint baptême, et je crois fermement que, mourant tous ensemble, nous ressusciterons ensemble. »

La foi et la piété des Hurons grandissaient sur ce théâtre de douleur, en proportion des épreuves et des pertes qu'ils subissaient. Toutes leurs pensées et toutes leurs espérances se tournèrent vers la religion, au moment de voir périr leurs familles, leur patrie, leur nationalité. La chapelle qui servait au service divin était trop petite pour contenir la foule des priants. Dix ou douze fois le matin, et autant de fois dans la soirée, elle se remplissait et se vidait pour laisser à tous le bonheur d'assister aux saints mystères ou d'entendre la parole de Dieu.

Cependant les nouvelles les plus affligeantes venaient successivement accroître la consternation de cette foule désolée. Deux Hurons, échappés à une bande de trois cents Iroquois qui les tenaient prisonniers, vinrent annoncer à leurs infortunés compatriotes les succès croissants et les projets de plus en plus sinistres de leurs ennemis. Les Iroquois n'étaient irrésolus que sur le choix de leurs victimes. Ils hésitaient entre deux partis également désastreux, celui de se jeter sur la nation du Petum pour la détruire, et celui de pénétrer dans l'île Saint-Joseph et de renverser cette dernière retraite des Hurons.

Peu de jours après, la nouvelle de la destruction du village de Saint-Jean et le massacre du P. Garnier apprirent aux Hurons que les Iroquois s'étaient arrêtés au premier projet.

L'horizon s'assombrissait chaque jour davantage. La mort semblait les assaillir en même temps de tous côtés. Toute leur espérance était dans les secours qui pouvaient venir de Québec, où la nouvelle de leurs premiers malheurs était déjà parvenue. Le nouveau gouverneur, M. d'Ailleboust, se hâta de leur envoyer quelques soldats. Malheureusement, ces ressources étaient très-bornées ; car la mère-patrie, déchirée par les factions, était trop occupée de ses dissensions intestines pour pourvoir efficacement aux besoins d'une colonie lointaine.

Cependant la position de ces infortunés devenait si critique, que le supérieur de la mission crut nécessaire de dépêcher un de ses missionnaires à Québec pour la faire connaître parfaitement. Ce fut encore sur le P. Bressany, regardé avec raison comme aguerri à ces sortes d'épreuves, qu'on jeta les yeux. Celui-ci ne recula pas devant un voyage que l'état général du pays rendait néanmoins plus périlleux que jamais. Il descendit au mois de septembre 1649, avec quelques Français qui avaient été dans ces contrées pour le commerce, et il arriva heureusement à Québec.

Le P. Bressany mit en vain sous les yeux du gouverneur et de ses compatriotes le triste état où était réduite cette mission. La colonie était dans l'impuissance de la secourir. Il le comprit, et, six jours après, pour ne pas prolonger inutilement son absence, au moment où il savait ses frères et leurs néophytes dans les plus grandes perplexités, il reprit généreusement le chemin de sa mission. Un soldat courageux ambitionne de se trouver sur le champ de bataille au milieu de ses frères d'armes, à l'heure la plus critique du danger. Si le P. Bressany ne pouvait pas leur apporter des secours, il voulait du moins partager leur sort, et mourir, s'il le fallait, avec eux. Dans cette détermination héroïque, il y a un acte sublime de charité et un dévouement digne d'une grande âme.

La Providence se contenta de cette admirable disposition de son cœur, et ne lui permit pas de réaliser son projet. En effet, le 3 octobre étant parti des Trois-Rivières avec quelques Hurons, ceux-ci le forcèrent de rebrousser chemin à la Rivière-des-Prairies. Ils ne se trouvaient sans doute pas en nombre suffisant pour se hasarder, à cette époque, dans une route si périlleuse.

Le P. Bressany ne trouva plus, cette année-là, d'occasions pour remonter chez les Hurons ; les mauvais temps de l'automne lui fermèrent d'ailleurs les chemins ; mais cet ouvrier infatigable ne resta pas dans l'oisiveté au milieu de la colonie. Un manuscrit contemporain nous apprend qu'il prêcha l'Avent à Québec cette année-là, et que le Carême suivant, il fut encore chargé de la prédication le dimanche, le mercredi et le vendredi de chaque semaine, dans l'église paroissiale.

Les nouvelles sinistres qui arrivaient encore de temps en temps de la mission huronne causaient à Québec de vives inquiétudes et affligeaient tous les cœurs. Le P. Bressany eut sans doute alors l'initiative dans le projet si généreux que formèrent les missionnaires d'appeler au centre de la colonie les plus fervents de ces néophytes malheureux, afin de les soustraire à la destruction générale.

Nous voyons en effet par le journal du R. P. Jér. Lalemant, supérieur de la mission du Canada, qu'il prit part à la consulte importante tenue par les Jésuites de Québec à ce sujet dans le mois d'avril 1650. Ils mirent en question s'ils devaient loger les Hurons, et leur donner place sur leurs terres de Beauport. Tous les Pères approuvèrent ce projet, et consentirent à une dépense annuelle de 500 écus pour son exécution, jusqu'à ce que ces sauvages pussent se soutenir par eux-mêmes.

Cette décision combla de joie le P. Bressany, et il voulut en porter lui-même la nouvelle à ses chers néophytes. Il remonta dans le mois de juin avec les Hurons qui avaient hiverné à Québec, et une trentaine de Français destinés à protéger cette expédition. Ils formaient une petite flotte de vingt-trois canots, qui quitta Montréal le 15 juin.

Arrivés sans mauvaise rencontre à vingt lieues environ au-dessus de Montréal, ils mirent pied à terre sur le bord de la rivière des Ottawas qu'ils remontaient, et se préparèrent à y passer la nuit. Leur première occupation fut, selon leur coutume, d'allumer les feux pour cuire le maïs et pour chasser, par la fumée, les maringouins qui viendraient troubler leur repos.

Près de là étaient embusqués dix Iroquois, qui, avec une constance digne d'une meilleure cause, avaient eu le courage de passer l'hiver au milieu de ces solitudes glacées, dans l'espérance de surprendre les premiers voyageurs qui essaieraient au printemps de remonter l'Ottawa. Ils découvrirent les feux des Hurons : c'était toujours dans ces contrées le premier indice certain de la présence de quelques êtres humains, amis ou ennemis. Ils s'approchèrent avec toutes les précautions possibles, et bientôt ils eurent reconnu l'ennemi et acquis la certitude de la supériorité de ses forces. Leur plan est aussitôt formé ; la ruse et l'audace vont suppléer à leur nombre.

Dans le silence de la nuit, ils s'avancent vers le campement huron. Quand ils ont acquis la certitude que les voyageurs fatigués sont tous plongés dans un profond sommeil, ils pénètrent jusqu'à eux, à la lueur des feux à demi éteints, et ils choisissent leurs victimes. Au signal donné, ils frappent tous en même temps, et sept Hurons périssent sous leurs coups.

Le P. Bressany s'éveilla au premier bruit, et comprit aussitôt la grandeur du danger. Son cri : *Aux armes !* mit en un instant tout le camp sur pied. Le missionnaire fut sans doute reconnu alors ; car les ennemis décochèrent sur lui trois flèches, qui l'atteignirent à la tête. Les blessures le couvrirent de sang ; mais heureusement elles n'étaient pas mortelles, et ne l'empêchèrent pas de secourir ses compagnons ou de les diriger. La lutte ne resta pas longtemps indécise. Les Iroquois, cernés de toutes parts, n'avaient aucun moyen de retraite. Ils se défendirent en furieux. Six d'entre eux périrent dans le combat, deux furent faits prisonniers, et les deux autres s'échappèrent au milieu de la confusion. Parmi les Hurons qui reçurent la mort les premiers, se trouvait le brave et fervent

Jean-Baptiste Atironta. Longtemps avant son baptême, il avait protégé les missionnaires dans sa patrie, et il leur avait donné asile dans sa cabane. Il était neveu du fameux Atironta, qui rendit tant de services aux premiers missionnaires chez les Hurons.

Cette victoire donna un nouveau courage aux voyageurs, et ils poursuivirent leur route, mais en marchant avec plus de précautions pour éviter toute surprise.

Au milieu de leur voyage, ils eurent encore un moment de bien vives alarmes. L'avant-garde aperçut au loin une bande de guerriers qu'elle prit pour des Iroquois. Elle se replia précipitamment sur le gros de la colonne, et chacun se disposa au combat. Tous s'avançaient en bon ordre, prêts à tenir tête à l'ennemi. Du côté opposé, on avait eu la même alerte, et on marchait avec la même inquiétude. Mais bientôt les deux troupes se reconnurent. C'était le P. Ragueneau et ses néophytes que le P. Bressany rencontrait en chemin. Cette troupe de chrétiens hurons, composée de près de trois cents personnes de tout âge et de tout sexe, venait se jeter entre les bras des Français, pour demander asile et protection. Tous ensemble ils se mirent à bénir Dieu de l'heureuse rencontre.

Cependant le P. Ragueneau, jugeant le voyage

du P. Bressany inutile, puisque la mission huronne était détruite, le ramena avec ses compagnons dans la colonie.

Ils arrivèrent à Québec le 28 juillet 1650. Tous
les missionnaires du pays des Hurons, revenus
successivement, se trouvèrent bientôt réunis dans
cette ville; mais le triste état des ressources de la
colonie mit le supérieur de ces missions dans la
nécessité d'en renvoyer plusieurs en Europe. Le
P. Bressany fut de ce nombre. Sa santé d'ailleurs
avait tant souffert de ses dernières fatigues, qu'on
le crut incapable dorénavant de mener la vie pénible des missions du Canada. L'air natal pouvait
seul rétablir un peu ses forces épuisées.

Ce ne fut pas un petit sacrifice pour ce cœur
apostolique d'abandonner cette patrie adoptive,
arrosée de ses sueurs et de son sang, et de dire
adieu, sans doute pour toujours, à ses chers néophytes. Mais une vie d'obéissance ne choisit pas
son offrande, et le saint missionnaire obéit généreusement à la volonté de son Dieu.

Le P. Bressany s'embarqua le 1er novembre, et
retourna en Italie. Sa santé se remit peu à peu, et
le Seigneur lui donna encore assez de forces pour
travailler comme missionnaire pendant de longues
années. Il prêcha avec un très-grand fruit dans
les principales villes d'Italie, et ses succès étaient
bien moins dus à son éloquence, dit un auteur

contemporain, qu'à sa qualité de confesseur de la
foi au milieu des barbares, et aux glorieuses cicatrices dont il était couvert. Il pouvait dire en toute
vérité, comme l'Apôtre : « J'ai empreintes sur
mon corps les stigmates de Jésus-Christ. »
(*Gal.*, VI 17.)

Pendant ses dernières années, il se retira à
Florence dans la maison du noviciat, où il mourut, plein de jours et de mérites, le 9 septembre 1672.

LES HURONS & LES IROQUOIS.

Les combats et les désastres auxquels nous venons d'assister n'étaient pas le terme des malheurs de la vaillante race huronne. Pendant qu'une partie des débris de cette nation infortunée allait, sous la conduite de ses charitables guides, chercher un asile à Québec, les autres, formant cinq groupes principaux, s'enfuyaient sur des points opposés.

Nous suivrons dans leurs nouvelles retraites ces cinq groupes; ce qui achèvera d'esquisser l'histoire de ce malheureux peuple.

I.

La première bande de Hurons fugitifs se retira dans les îles du nord du lac Huron, et surtout dans la grande île appelée alors *Ekaentoton* et plus tard *Manitoualin*, où depuis huit mois on avait essayé d'implanter l'Evangile. C'étaient alors d'arides solitudes, et ces infortunés espéraient que les Iroquois n'auraient jamais la pensée d'y aller troubler leur repos. Ils avaient mal compris jusqu'où va la haine dans le cœur d'un ennemi acharné.

Nous connaissons un curieux épisode de cette lutte sanglante, où la ruse et la cruauté du sauvage se peignent au naturel. Quelques Iroquois étaient parvenus à découvrir la retraite des Hurons fugitifs; et vers la fin de l'automne, jugeant qu'ils ne pourraient les vaincre par la force, à cause de leur petit nombre, ils résolurent d'attendre une occasion favorable qui leur permît de les surprendre, sans quitter leur poste d'observation; ils construisirent un petit fort dans une situation telle qu'ils pouvaient surveiller, sans être aperçus, tous les mouvements des Hurons.

Ils parvinrent à en surprendre quelques-uns et à les faire prisonniers. De ce nombre se trouva Etienne Annaotaha, homme distingué parmi les siens, et chrétien fervent. Au moment d'être pris, il se met en devoir de se défendre pour faire acheter chèrement sa vie et mourir en brave. Quelle est sa surprise d'entendre les Iroquois lui déclarer qu'ils ne sont pas là comme ennemis, mais qu'ils viennent avec des présents pour obtenir la paix et offrir un asile tranquille et sûr aux restes languissants d'une nation qu'ils n'ont que trop combattue ! « De nos deux peuples, nous voulons, lui disent-ils, n'en former plus qu'un, qui héritera en commun de la gloire que chacun avait acquise. »

Le Huron, aussi rusé que ses ennemis, soupçonna quelque fraude dans ce langage ; mais, jugeant que sa seule ressource, en cette occurrence, était de faire jouer ruse contre ruse, il feignit d'accéder avec joie à la proposition qui lui était faite ; il mit bas les armes et entra dans le fort.

On lui montre les présents en question pour l'engager à les faire valoir aux yeux de ses compatriotes. « Il ne me convient pas, dit Etienne, d'usurper la gloire d'une si heureuse négociation. Nous comptons parmi nous plusieurs vieillards, c'est à eux qu'appartient l'administration des affaires publiques. Envoyez des ambassadeurs avec vos présents ; je resterai ici en otage. La nation se soumettra à ce qu'ils décideront. »

Cette réponse était si adroite, que les Iroquois crurent qu'il parlait sincèrement. « Il vaut mieux, lui dirent-ils, que tu accompagnes toi-même les ambassadeurs, pour faire valoir ce projet. Tes compagnons resteront ici en otage. »

Etienne se charge de conduire les trois députés iroquois. A leur approche du village huron, il pousse un cri de joie, et tous les guerriers accourent. « Le ciel est pour nous, leur dit-il, nous avons trouvé la vie dans la mort. Les Iroquois sont changés à notre égard. D'ennemis ils sont devenus nos amis, nos parents et nos libérateurs. Ils ont creusé notre tombe, les voilà qui la referment. Ils nous offrent leur amitié, une partie de leurs champs, et une terre plus fertile que ce sol ingrat. Nous n'allons plus former qu'un seul peuple nombreux, industrieux et guerrier. »

Son langage plein d'assurance éloignait tous les soupçons. Cependant les autres chefs hurons, ne pouvant en croire leurs oreilles, cherchèrent à l'entretenir en secret pour avoir l'explication de ce mystère. Il eut le temps de les instruire de son projet, et ceux-ci, dissimulant à leur tour avec adresse les sentiments de leur cœur, excitent l'allégresse et l'enthousiasme des femmes et des enfants.

Les députés iroquois tirent bon augure de ces joyeux témoignages, et croient leur succès assuré. Ils sont conduits dans la plus grande cabane, et on leur offre un festin.

Etienne profite adroitement de ce moment pour concerter son plan avec les chefs hurons. Ne voulant pas se fier à des ennemis si acharnés et si souvent perfides, ils décident de s'emparer eux-mêmes adroitement des Iroquois, et de les faire périr.

Cependant, pour donner le change aux ambas-

sadeurs, les capitaines annoncent à haute voix
qu'il faut se préparer au départ dans trois jours,
pour suivre les Iroquois leurs alliés et leurs amis.
« Nous trouverons chez eux, ajoutent-ils, la sécurité, le repos, l'abondance. »

Ces discours retentissent de toutes parts aux
oreilles des Iroquois, et ils voient les hommes, les
femmes, les enfants s'agiter en tous sens pour
l'exécution de ce dessein.

Etienne ne craint pas de retourner avec confiance au fort des Iroquois et de leur annoncer son
succès.

A la vue d'une proie si ardemment désirée, et
qui allait leur être livrée sans combat, les Iroquois ne peuvent s'empêcher de louer son adresse,
et de lui donner de grands témoignages d'amitié.
Sur son invitation, ils n'hésitent même pas à aller,
au nombre de plus de trente, voir de leurs yeux
les préparatifs de ce voyage supposé, et encoura-
ger par leur présence l'activité et la bonne volonté
de leurs futurs compatriotes.

Pendant qu'ils sont disséminés dans le village
sans aucune défiance, les Hurons, à un signal
donné, se précipitent sur eux, et les massacrent
tous. Trois seulement échappèrent. Ils ne durent
leur salut qu'à Etienne, qui voulut reconnaître par
là le bienfait qu'il en avait reçu autrefois. Ils lui
avaient sauvé la vie, lorsque les Iroquois détrui-

sirent les villages de Saint-Ignace et de Saint-Louis.

Un des Iroquois dit en mourant : « Nous avons eu le sort que nous méritions. Vous nous avez traités comme nous avions dessein de vous traiter nous-mêmes. »

A la nouvelle de ce désastreux événement, les Iroquois restés dans le fort s'enfuirent avec précipitation.

Les Hurons passèrent ensuite quelques mois tranquilles dans leur retraite; mais comme ils pensaient que les Iroquois, justement exaspérés par cet échec, ne manqueraient pas de venir tôt ou tard venger la mort de leurs guerriers, ils crurent prudent d'aller rejoindre leurs compatriotes à Québec.

II.

La deuxième bande des Hurons fugitifs donna lieu à un des faits les plus étranges qu'on lise dans l'histoire de peuples longtemps ennemis, et ennemis acharnés. Les habitants de deux villages hurons, ceux de Saint-Michel et de Saint-Jean-Baptiste, en appelèrent à la générosité de leurs vainqueurs, et avec une confiance dont un cœur sauvage paraît si peu digne, ils leur demandèrent asile et protection. Ils furent accueillis en frères par la nation des Tsonnontouans, une des cinq nations iroquoises. On les laissa former à part un nouveau village, auquel ils conservèrent le nom de village Saint-Michel, en sauvage *Gandouyarue*. Plusieurs d'entre eux étaient chrétiens et néophytes fervents. Ils ne laissèrent pas périr dans cette nouvelle patrie, et au milieu de la gentilité, la précieuse semence de leur foi. Bien que privés du secours des missionnaires, ils conservèrent leurs habitudes religieuses. Les chants sacrés, la prière en commun, l'enseignement de la doctrine chrétienne, se perpétuèrent dans les familles. Ces bons néophytes ne se contentaient même pas d'entretenir parmi eux ces pieux sentiments ; ils avaient le zèle de la foi, et cherchaient à la répandre. C'était du reste le spectacle qu'offraient aussi un assez bon nombre de prisonniers hurons réduits à la captivité, et qui étaient disséminés dans les différents villages iroquois.

Quand les missionnaires, plusieurs années après, purent enfin pénétrer dans les cantons iroquois, ils furent dans l'admiration en voyant ces heureux fruits de la grâce. « Je ne pouvais m'empêcher de verser des larmes, dit un d'entre eux, en voyant ces pauvres exilés si fervents et si constants dans la foi. »

Un de ces chrétiens, François Tehoronhiogo, vieillard d'une vertu éprouvée, qui avait autrefois reçu le P. Lemoine dans sa cabane, avait sanctifié toute sa famille et converti bien des païens. Privé depuis vingt ans de l'assistance d'un prêtre, il demandait toujours à Dieu de ne pas mourir sans confession. Il fut exaucé. En voyant le P. Frémin, il s'écria : « Enfin le bon Dieu m'a exaucé ; confesse-moi, et je meurs content. »

Un exemple prouvera l'heureuse influence des actions de ces vertueux néophytes sur leurs vainqueurs païens. Une chrétienne huronne avait épousé un Iroquois. Son premier soin fut de lui inspirer son amour et son estime pour la *prière des Français*. C'est ainsi qu'ils désignaient la vraie foi. Elle le gagna de manière à lui donner un ardent désir du baptême. Elle espérait toujours qu'elle rencontrerait un jour quelque missionnaire pour lui procurer ce bonheur. Pendant qu'elle se trouvait à la pêche bien loin de son village, sur les bords du lac Ontario, la Providence conduisit un missionnaire au même lieu. Il était temps ; son mari, malade depuis deux ans, n'avait plus qu'un souffle de vie. A la nouvelle que la *Robe noire* est près de lui, il s'éveille comme d'un profond sommeil, et s'écrie : « Baptise-moi. Depuis deux ans je demande à Dieu cette grâce avec instance. » Il n'en put dire davantage, et mourut peu après son baptême.

La bonne Huronne rendit alors compte au missionnaire de ce qui s'était passé. « J'avais résolu, lui dit-elle, d'aller chercher une *Robe noire* à cinquante lieues d'ici. Le bon Dieu a prévenu nos désirs. Je me suis appliqué l'hiver dernier à instruire mon mari des choses de l'autre vie, du mieux que j'ai pu. Je lui ai souvent dit que pour être bon chrétien, il faut porter au ciel tous ses désirs et y placer toutes ses espérances; qu'il n'y a rien à regretter dans ce monde, et qu'il ne lui restait plus qu'à obtenir par ses ferventes prières d'être du nombre des bienheureux dans le ciel. J'ai été exaucée. »

III.

La troisième bande des Hurons, celle qui s'éloigna le plus du théâtre de tous ces désastres, chercha d'abord un asile dans l'île Michillimakinac, île fameuse dans les traditions mythologiques des sauvages. Ils y trouvèrent des terres fertiles, la chasse et la pêche abondantes. Mais les Iroquois ne les y laissèrent pas longtemps tranquilles. Pour échapper aux coups d'un ennemi qu'ils ne se sentaient pas capables de repousser, ils entrèrent dans la baie des Puants, et s'avancèrent jusqu'à six journées au sud-ouest du lac Supérieur, où ils furent bien accueillis par une nation nommée *Abimiwec,* et « ils s'arrêtèrent, dit la relation, sur les bords d'un grand fleuve, aussi grand et aussi profond que le Saint-Laurent. »

Ils ne tardèrent pas à trouver là de nouveaux ennemis. Les Nadouessis ou Sioux jouaient dans les plaines immenses de l'Ouest le même rôle que les Iroquois dans le bassin du Saint-Laurent. Ils ne souffraient pas de rivaux ni même de voisins un peu puissants. Les Hurons, qui formaient à peine 500 personnes, dont les malheurs avaient comme émoussé toute l'énergie naturelle, ne pouvaient pas s'accommoder de ces périls continuels. Ils avaient d'ailleurs perdu l'espérance de voir les missionnaires s'établir dans ces contrées, depuis la fin déplorable de deux d'entre eux qui, sans pouvoir les rejoindre, étaient allés au secours de ces peuples sans pasteurs.

Le P. Garreau fut blessé à mort près de Montréal, au moment de son départ. Le P. René Ménard put atteindre le lac Supérieur; mais l'année suivante (1661), il trouva la mort dans les bois.

Les Hurons se décidèrent donc à se rapprocher d'un village d'Ottawais situé au fond de la baie de Chagouamigong, au sud du lac Supérieur. Ils se placèrent sur une pointe voisine, nommée pointe Saint-Esprit, et ils espéraient aussi partager (car ils étaient presque tous chrétiens) les soins des missionnaires qu'une députation nouvelle d'Ottawais avait été chercher.

Le P. Allouz, qu'on peut appeler avec raison le premier apôtre des contrées de l'Ouest, et le fondateur de ses principales missions, vint à ce poste en 1665, et y travailla trois ans. Il donna au lac Supérieur le nom de lac de Tracy, et fit le premier connaître ses richesses minérales.

Les succès auprès des Hurons ne répondirent pas à son zèle ; malgré le précieux souvenir qu'ils avaient conservé de la mort du P. Charles Garnier, autrefois dans leur pays, il paraît que la privation des secours religieux et l'éloignement des missionnaires avaient fait revivre parmi eux toutes les superstitions et tous les vices du paganisme.

Le P. Marquette succéda au P. Allouz en 1669, pendant que celui-ci allait fonder les missions du saut Sainte-Marie et celle de Saint-François Xavier de la baie des Puants. Il devait, après un certain temps d'épreuves, auquel les œuvres de Dieu sont toujours exposées, obtenir des résultats plus consolants que son prédécesseur. Il présida à une nouvelle émigration des Hurons. Les Sioux en effet ne les laissaient pas tranquilles, et semblaient chaque jour chercher de nouvelles occasions de querelle avec leurs voisins. Leur nombre et leur cruauté trop bien connue les faisaient redouter. Les Hurons et les Ottawais se décidèrent à se rapprocher de la colonie française, parce que la paix, faite en 1666 avec les Iroquois, les avait délivrés de leur principal ennemi. Les Ottawais vinrent reprendre l'île d'Ekaentoton, et y fondèrent la mission de Saint-Simon.

Les Hurons, qui n'avaient pas oublié la position avantageuse que leur avait offerte autrefois Michillimakinac, vinrent, vers 1670, dresser près de là leurs tentes sous la conduite du P. Marquette, et ils y fondèrent la mission de Saint-Ignace, qui a subsisté jusqu'à nos jours. Ils se fixèrent sur la pointe vis-à-vis de l'île, et ils protégèrent leur village par une palissade de vingt-cinq pieds de haut. Cet intrépide missionnaire était loin de penser que l'église dont il jetait les fondements devait, cinq ans après, devenir son tombeau.

Quelques Hurons de ce poste se détachèrent plus tard, et vinrent former plusieurs stations, les uns à Sanduské, les autres au Détroit, d'autres enfin à Sandwich. Il en reste à peine aujourd'hui quelques familles.

IV.

Les plus malheureux des Hurons fugitifs furent sans contredit ceux qui demandèrent asile et protection à la nation des Errieronnons ou du Chat, qui occupait la côte méridionale du lac Erié. « Ils parlaient la même langue que les Hurons, dit le

P. Ragueneau, et ils avaient des demeures fixes. »

La présence des Hurons au milieu d'eux excita la jalousie et peut-être la crainte des Iroquois, leurs voisins, avec lesquels ils ne fraternisaient pas. Ceux-ci cherchèrent là un prétexte de guerre, ou plutôt une occasion de massacre. Malgré leurs deux cents guerriers, malgré leur habileté à manier l'arc, qui leur permettait de lancer huit à dix flèches pendant que l'ennemi tirait un coup d'arquebuse, les Errieronnons furent défaits, et presque tous massacrés avec les Hurons. Leur nom ne vit plus aujourd'hui que dans l'histoire.

V.

La cinquième bande des Hurons qui survécurent aux désastres de leur pays est la plus intéressante à suivre et à étudier. Elle se compose de ceux qui se retirèrent dans la colonie française, les uns en 1650, avec leurs missionnaires, les autres quelque temps après. La mission qu'ils formèrent alors a persévéré jusqu'à nos jours, bien qu'elle ait changé plus d'une fois de nom et de lieu. Nous ne donnerons qu'un court récit des phases qu'elle a subies et des épreuves par lesquelles elle a passé. Le port où cette nation, toujours malheureuse, venait chercher un asile, ne fut pas pour elle un port tranquille. Des malheurs de toute nature vinrent encore fondre sur ses enfants; mais ce fut toujours pour donner un nouveau lustre à leur vertu, dont ils offrirent pendant de longues années un admirable tableau. Ces heureux fruits inspiraient à un des missionnaires ce sentiment de joie :

« *Notre salut vient de nos ennemis.* Nos Hurons doivent leur changement à la perte de leur pays, et à leur transmigration dans le nôtre. Dieu est admirable dans ses desseins! Qui aurait dit que pour rendre les Hurons chrétiens, il fallait les exterminer? Je pleurais autrefois leur défaite, et maintenant j'en loue Dieu. »

Les Hurons qui avaient hiverné à Québec en 1649 ne voulurent pas remonter dans leur pays, lorsqu'ils apprirent les désastres de leurs compatriotes. Les Jésuites les placèrent sur leurs terres de Beauport; mais quand les Hurons fugitifs descendirent aussi à Québec pour y trouver un asile, ils les suivirent, au mois de mars 1651, dans l'île d'Orléans, sur les terres de Mlle de Grand-Maison, qu'on avait achetées pour eux. La charité, avec ses prévenances et ses sacrifices, cherchait tous les moyens de leur faire oublier leur exil. On éleva auprès de leurs cabanes d'écorces la maison de la prière, la modeste habitation des missionnaires, et un fort en pieux semblable à celui de l'île Saint-Joseph, pour les protéger contre leurs ennemis. L'île d'Orléans reçut même le nom d'île Sainte-Marie, pour perpétuer un nom toujours cher à leurs cœurs.

Cependant les Iroquois n'avaient pas déposé leurs sentiments de haine héréditaire ou de secrète jalousie. Quelques-uns même avaient spéculé sur l'avantage qu'ils pouvaient tirer des Hurons, en les attirant dans leur pays et en les incorporant à leur nation pour combler les vides que les guerres continuelles faisaient dans leurs rangs. Ils employèrent tour à tour la ruse et la force ouverte, des traités de paix simulée et des attaques imprévues, afin de les forcer à suivre ou afin de les détruire. Ils en gagnèrent un assez grand nombre.

Les succès qui couronnaient leurs efforts les avaient enhardis, et ils ne craignaient pas de se montrer, même en plein jour, jusque sous le canon du fort de Québec. C'est ainsi qu'en 1651, ils massacrèrent le gouverneur des Trois-Rivières, M. Duplessis-Rochart, et les quinze Français qui l'accompagnaient dans un coup de main mal concerté. En 1653, ils enlevèrent le P. Poncet, mutilèrent ses mains et l'emmenèrent dans leur pays. En 1652, le P. Buteux périt sous leurs coups près des Trois-Rivières. En 1656, le P. Garreau fut blessé à mort près de Montréal, et ils enlevèrent dans l'île d'Orléans soixante et onze Hurons qu'ils massacrèrent. En 1650, quarante guerriers hurons, l'élite de la nation, se mettent en campagne avec quelques Français, et périssent presque tous de la main des Iroquois dans la désastreuse affaire du Long-Saut, un peu au-dessus de Montréal. Les Hurons n'attendirent pas tous ces malheurs pour pourvoir plus efficacement à leur sûreté. Ils voulurent se rapprocher de Québec. Le gouverneur d'Ailleboust leur offrit un asile temporaire sur une des places de la ville. Ils vinrent y dresser leurs tentes vers 1658, et ils y passèrent plusieurs années.

Quand la paix fut enfin conclue avec les Iroquois, après l'expédition du marquis de Tracy, les Hurons se transportèrent à une lieue et demie de la ville, et fondèrent là, en 1667, la mission de Notre-Dame de Foye. Ce nom lui fut donné à l'occasion d'une statue de la sainte Vierge envoyée par les Jésuites belges pour être honorée dans une mission sauvage. Elle était faite avec le bois du chêne au milieu duquel on avait trouvé la statue miraculeuse de Notre-Dame de Foye, près de Diane, dans le pays de Liége.

Le 29 décembre 1693, les Hurons durent encore s'éloigner de cette résidence. Ce n'étaient plus les craintes que leur inspirait l'Iroquois, mais le besoin de se rapprocher du bois et d'avoir des terres plus étendues. Ils trouvèrent à une lieue et demie plus loin un air pur, un terrain avantageux et des eaux abondantes. Les missionnaires disposèrent avec symétrie toutes les cabanes autour d'une place carrée, au milieu de laquelle s'élevait la maison de Dieu. Le P. Chaumont joignit à l'église une chapelle en l'honneur de la très-sainte Vierge, parfaitement semblable pour la forme, les matériaux, les dimensions et l'ameublement, à la célèbre *Casa-Sancta* de Lorette en Italie. C'est ce qui valut au village le nom de Notre-Dame de Lorette, connu aujourd'hui sous le nom d'Ancienne-Lorette. Il est à regretter qu'en reconstruisant cette église, il y a quelques années, on n'ait pas respecté davantage les proportions et les détails qui donnaient à cet ancien édifice un caractère historique et pieux, que la grandeur et la richesse du temple nouveau ne peuvent pas compenser.

Bien des années plus tard cette mission dut subir un nouveau changement de lieu, et ce fut le dernier. On la transféra à une petite distance, et on forma le village appelé la *Jeune-Lorette*. C'est là qu'on trouve de nos jours tout ce qui reste de cette nation jadis si célèbre. Après avoir perdu son pays, sa langue, ses habitudes, et une partie de sa nationalité, elle disparaît peu à peu chaque jour. Elle ressemble à un arbre qui n'a jamais pu prendre solidement racine sur le sol où on l'avait transplanté. Privées de la séve vivifiante, ses feuilles desséchées se détachent les unes après les autres, sans qu'il puisse espérer un nouveau printemps pour lui rendre la fraîcheur de ses jeunes années. Il ne restera bientôt d'autre trace de cette nation puissante qu'un nom justement célèbre dans les annales du Canada.

FIN.

Rouen. — Imp. MÉGARD et Cᵉ, rue Saint-Hilaire, 136.